Harem

Raffi

ՀԱՐԵՄ

ՐԱՖՖԻ

Harem

Copyright © 2014, Indo-European Publishing

Contact:
IndoEuropeanPublishing@gmail.com

ISNB: 978-1-60444-808-5

ՀԱՐԵՄ

© Հնդեվրոպական Հրատարակչություն, 2014

Հրատարակված է Ամերիկայի Միացյալ Նահանգներում:

Կապ՝

IndoEuropeanPublishing@gmail.com

ISNB: 978-1-60444-808-5

ԱՌԱՋԻՆ ՄԱՍ

Ա

18... թվականն էր:

Ամառնային արեգակը սաստիկ այրում էր դրսումը: Պարսկաստանի Թեհրան քաղաքում մի հոյակապ ապարանք էր այն բախտավոր տներից մինն, ուր երկնքի բոցերը չէին թափանցում նույն ժամուն: Այդ բնակարանը պատկանում էր մի իշխանի, որի երակներում վազում էր երնելի Նադիր-Շահի արյունը:

Ապարանքը բաժանված էր երկու մասն՝ դրսի — տուն և ներսիտուն: Առաջինի մեջ զետեղված էին՝ շահզադեի դիվանխանան, հյուրանոցը, ծառաների կացարանը և նրա տակում՝ ստորերկրյա մթին զնդանում — բանտը: Երկրորդ մասը պարունակում էր յուր մեջ հարեմխանան — կանանց նվիրական կացարանը: Նա բաժանված էր զանազան բակերով, որոնց ամեն մինի մեջ բնակվում էր մի առանձին հարեմ՝ յուր աղախիններով և փոքրիկ մինչև տասն տարեկան տղա — սպասավորներով: Դրախտն յուր բոլոր չքնաղությամբ հազիվ կարող էր մրցություն անել այդ բակերի ամեն մինի հետ: Նրանք հովանավորված էին մշտականաչ ծառերով և ծաղիկներով, ուր վարդենին թագավորում էր բոլորի վրա: Այնտեղ մեղմ-կուսական ժպիտով ծփում էին լճակները և արծաթափայլ ջուրը, մարմարյա շատրվաններից դեպի բարձր և բարձր արտահոսվելով, ցողում էր մարգարտյա կաթիլները: Հարեմները ծովային ներեադների նման, հովասուն վաղորդյան պահուն, կամ երբ երեկոյան արեգակն ոսկեզօծում էր մինարեթների գմբեթները, խմբովին լողանում էին, թրթռում էին և զվարճանում էին ավազանների մեջ: Եվ հարեմխանայի իշխանը — միայնակ նստած յուր բալախանում (վերնատնում) բաց լուսամուտի հանդեպ, դեյլանի ծխի անուշ արբեցության մեջ, յուր փառքի բարձրությունից — նայում է այդ կախարդական տեսարանին: Նա հիանում է… զրգռվում է… բորբոքվում է… և բախտավորեցնում է մինին այն գեղեցկուհիներից…

Ոչ մի օտար արարած համարձակ մուտք չունի այդ փակյալ դրախտի մեջ: Ջգույշ ներքինին հրեղեն սրով հսկում է նրա դռանը:

Կեսօր էր:

Խորին, սրբազան լռությունը տիրել էր հարեմխանայի վրա: Կարծես թե, այն տոթային — միջօրեական պահուն ամբողջ բնությունը թուլացած, թմրած, նիրհում էր հսկայական քնով, արթուն էր միայն մի հոգի: Շքեղազարդ սենյակում, գեղեցիկ գլուխը դրած մարգարտյա փունջերով զարդարված բարձերին, կիսով չափ ծածկված բարակ քիշմիրյան շալով, պառկել էր մի մանկահասակ կին: Թավախիտ ծամերը, սև որպես ծիծեռնակի թևքն, արձակ հյուսերով՝ փռվել էին կիսամերկ կուրծքի վրա: Ոսկյա օղամանյակը վառվում էր գույնզգույն գոհարներով, որ զարդարում էր նրա գեղեցիկ պարանոցը: Նա յուր հոգեկան խռովության մեջ քնքուշ ձեռքով բռնել էր նարգիլեի օձապտույտ ծխաքարշն, երբեմն հպեցնում էր յուր բերնին նրա արծաթյա ամզուկը և անուշահոտ ծուխը մանրիկ օղակներով դուրս էր թափվում վարդագույն շրթունքի միջից:

Սնամորթ աղախինը, նստած տիկնոջ բարձի մոտ, սիրամարգի փետուրներից հյուսած հովհարով, զով էր սփռում նրա երեսին և զվարճացնում էր նրան, պատմելով հրապուրիչ հեքիաթներ ջիներից, գեղեցիկ հուրիներից և փերիներից, մինչև որ նա կքներ: Երկար առանց լռելու պատմում էր նա, երբ նշմարեց, որ տիկնոջ քունը չէր տանում. վերջացրեց աղախինն յուր հեքիաթն այսպիսի խոսքերով.

— Ջեննաթի հրեշտակները թո՛ղ անուշցնեն քո նինջը քաղցրիկ երազներով, հանգստության վարդեր թո՛ղ սփռեն քո մահճի վրա:

— Ա՜խ, Մարջան, — բացականչեց տիկինը ցավալի ձայնով. — իմ մահիճը խռովեցուցիչ է ինձ, որպես Արաբիայի փշալի անապատն... ես երբեք հանգիստ լինել կարող չեմ...

Մարջանն, — այդպես էր աղախնի անունը, — մի կարեկցական հայացք ձգելով տիկնոջ երեսին, խոսեց.

— Մարջանը քո ոտքերուն մատա՛ղ լինի, տիկին, այդ այս պատճառով է, որ այն անապատում մաջնուններ են թափառում...

Մի խորհրդական ժպիտ խաղաց խանումի գունատ դեմքի վրա:

— Դու շատ խորամանկ ես, Մարջան... — ասաց նա և ձեռքը նեցուկ տալով երեսին, գլուխը բարձրացրեց բարձի վրայից:

— Ցավդ առնի Մարջանը, — խոսեց աղախինը՝ չդադարելով շարժել հովհարը, — քանի ժամանակ է, որ քո ստրկուհին նշմարում է, յուր տիկինը տանջվում է հոգու անհանգստությունից, և նրա դեմքը տխուր է, որպես ձմեռվա լուսնյակը... նա շատ քիչ է քնում... Զեյնաբ-խանումը — այդպես էր տիկնոջ անունն — յուր ցավալի աչքերը դարձնելով դեպի աղախինն, ասաց.

— Ա՜խ, ո՛րքան անուշ է մահվան քունը, Մարջան, գերեզմանի խորքումը հանգստանում են ամեն դառնությունները... բայց գերեզմանն էլ, Մարջան, խնայում է ինձանից յուր վերջին մխիթարությունը...

Սարսափի նման մի բան փայլեց խափշիկի խոշոր աչքերում, և նա համբուրելով յուր տիկնոջ ոտքը, ասաց.

— Պանդուխտների տերն՝ Իմամ-Մուրզան, թո՛ղ մխիթարե քո հոգին, իմ տիրուհին ինչ առիթ ունի յուր սիրտը մաշել այդպիսի ցավերով... Շահզադեն (տիկնոջ ամուսինն) յուր բոլոր հարեմներից ավելի սիրում է քեզ, նա պահում է քեզ ոսկու, արծաթի և թանկագին քարերի մեջ:

— «Է՜հ, ինչ կանեմ ոսկի լագանն, երբ նրա մեջ արյուն պետք է թքեմ», — ասաց տիկինը պարսկական առածը և խոսքը փոխեց, հարցնելով աղախնից. — քեզ երդում եմ տալիս քո հոր ոսկերքով, ճշմարիտն ասա՛, Մարջան, դու սիրո՞ւմ ես քո տիկնոջը, դու հավատարի՞մ կմնաս դեպի նա:

— Այդ ի՜նչ հարցմունք է, տիրուհի, — պատասխանեց աղախինը. — Մարջանը քո ոտքերի փոշին է, նա քո ստրկուհին է, ո՞րպես կարող է նա չսիրել և հավատարիմ չմնալ քեզ: Թո՛ղ Ալիու դուլֆուղարան իմ սիրտը կտոր-կտոր անե, թող ես զրկվիմ Մուհամմեդի լույսից, թո՛ղ Շիմրին և Յազիդին տված նզովքներն իմ գլխին թափվին, եթե ես ծուռն աչքով նայեմ դեպի քեզ:

— Ես բոլորովին հավատում եմ քեզ, — առաջ տարավ տիկինը, — բայց դու ուղիղն ասա՛, Մարջան, քո կյանքում պատահե՞լ է, որ դու սիրահարված լինեիր:

— Ի՞նչպես մեղքս թաղեմ, տիկին, պատահել է... — պատասխանեց աղախինն անմեղությամբ:

— Պատմի՛ր, ի՞նչպես է պատահել:

Աղախինը սկսեց պատմել:

— Մեր ցեղի մեջ կար մի տղամարդ, նա կոչվում էր Սաղդա — յի որդի Բիլալ: Նրա դեմքը սև փայլուն էր, որպես թուխ էբենոս: Նրա աչքերը վառվում էին, որպես Յամենի սև չավա: Նրա ատամները սպիտակ էին, որպես կարմիր ծովից նոր դուրս բերած սադաֆ: Նրա ճակատը նկարված էր զանազան գույներով, որպես կրիայի խայտաճամուկ մեջքը: Բիլալը մեր ցեղի քաջ տղամարդերից մինն էր: Սահարայի առյուծը չուներ նրա սիրտը. անապատի ջայլամն այնպես արընթաց չէր, որպես Բիլալը. Նեղոսի եղեգների մեջ օձն այնքան թեքուն և զալարուն չէր, որպես նա: Բիլալը մի համարձակ որսորդ էր: Նրա նետերն երբեք չէին շեղվում նպատակից: Նրա նիզակը զարհուրելի էր: Շատ անգամ հեղեղատի եզերքում ես բանջար քաղելիս՝ հանդիպում էր ինձ Բիլալը: Մի անգամ կապեց նա իմ պարանոցից ծովային խխունջներից և նախշուն խիճերից մի վզանոց, որոնք նա յուր ձեռքով հավաքել էր անապատից, և օծեց իմ մարմինը կակոսի յուղով և նայեց իմ վրա, համբուրեց ու ասաց. — «դու այժմ գեղեցիկ ես, Հուդդի, որպես Աբեսինիայի եղջերուն…»: Այն ժամանակ այդպես էր կոչվում իմ անունը: Բայց երկար չտևեց իմ ուրախությունը գեղեցիկ Բիլալի հետ: Աֆրիկայի խորին անապատներից վայրենիների մի բազմաթիվ խումբ հարձակվեցան մեր ցեղի վրա: Մերոնք հաղթվեցան: Նրանք գերեցին մեր ցեղի մանկահասակ զավակները և շատերին սպանեցին: Բիլալն ինքն էր, որ ինձ պաշտպանելու ժամանակ անցավ նրա թիկունքի միջից թշնամու նիզակը: Նա աչքերը փակեց, ասելով ինձ յուր վերջին խոսքը. «ես չկարողացա ազատել քեզ, Հուդդի...»: Ես գերի ընկա վայրենիների ձեռքում ուրիշ շատ աղջիկների և տղերքի հետ. նրանք մեզ ծախեցին հնդկացի վաճառականներին, և մենք տարվեցանք դեպի Բոմբա: Այնտեղից ինձ Պարսկաստան բերեց մի բանդեր — բուշերցի հաջի, որից դու գնեցիր ինձ, տիկին: Մինչև այսօր ես շատ անգամ տեսնում եմ Բիլալին, ես տեսնում եմ նրան երազումս. նա թափառում է Աբեսինիայի հեղեղատի ափերում և խխունջներ է հավաքում, որ զարդարե իմ պարանոցը...

Խափշիկը վերջացրեց յուր պատմությունը և նրա վառվռուն աչքերից գլորվեցան արտասուքի մի քանի խոշոր կաթիլներ սևորակ թշի վրա:

— Քո կյանքի տխուր պատմությունը, Մարջան, — նրա խոսքը կտրեց Զեյնաբ-խանումը, — իմ միտքս բերավ հենց մի այդպիսի հեքիաթ, որ ես մի ժամանակ լսել էի պառավ տատիցս: Նա շատ նման է քո ասածներին, լսի՛ր, Մարջան, ես կպատմեմ քեզ:

Խափշիկի ուռած շրթունքը շարժվեցավ մի անմեղ ծիծաղով, և նա համբուրեց յուր տիկնոջ ոտքն, ասելով.

— Դու ո՛րքան բարի ես, Զեյնաբ, դու ուզում ես հեքիաթ ասել քո ստրուկին:

— Հա՛, կասեմ, քանի քունս չէ տանում:

Բ

Այդպես սկսեց Զեյնաբ-խանումն յուր հեքիաթը.

«Կար չկար, կար մի քաղաք: Այն քաղաքում նստում էր Գուրջիստանի թագավորն: Այն քաղաքը շինված էր այն սարերի մեջ, ուր Ղափ-Դաղի գլխին շղթայած է ջինների գլխավորը: Դրախտը շատ մոտ է այն երկրին, և հրեշտակների նվագածությունները դեռ լսելի են լինում այնտեղ: Դրախտից բխած գետերից մինն անցնում է այն քաղաքի միջից և ջրում ծաղիկներով զարդարված դաշտերը: Այնտեղ կանայք ջուր չեն տաքացնում լողանալու համար, տարտարոսի բոցերն, անդունդից դուրս գալով, տաքցնում են աղբյուրները և նրանց ջրով լողանում են մարդիկ:

Եղել է, չէ՛ եղել. եղել է այն քաղաքում մի այրիկ և մի կնիկ. նրանք ունեցել են մի սիրուն աղջիկ, որի անունը լինում է Ալմաստ: Նա լինում է մի աղջիկ՝ այնպես վարդ թշերով, սև աչքերով, թուխ հոնքերով: Տասն և հինգ զարուն ծաղկում էին ծաղիկներր, և Ալմաստը տասն և հինգ տարի լսում էր սոխակի սիրահարական երգը: Նա էլ ուներ յուր սիրահարը, յուր սիրով այրված, կրակված սոխակը — դա մի պատանի էր մանկահասակ: Սավալանի նռները չունեին նրա թշերի գույնը. Շիրազի վարդերը չունեին նրա շրթունքի նրբությունը և կանաչազարդ սալբի — չինարին յուր շիտակությունով չէր կարող համեմատվիլ նրա վայելչահասակ բոյի հետ: Նրա բնավորությունն այնպես քաղցր էր, որպես հրեշտակի շունչը: Նա սրտով այնքան բարի էր, որքան մինարեթի աղավնին: Այդ պատանու անունը կոչվում էր Մեխակ: Հնդկաստանի մեխակը միտքն կարող էր լինել այնպես անուշահոտ և անմեղ, որպես նրա հոգին:

«Մեխակը և Ալմաստը ծնվել էին իրանց մայրերից մի օրում և մի ժամում: Դեռ նրանց ականջները չէին լսել առաջին ձայնն օրորոցի երգի, երբ նորածինների ծնողքը վճռեցին նրանց ապագան — նրանք օրհնեցին Ալմաստի և Մեխակի ամուսնական նշանադրությունը: Երեխաների օրորոցի դաստակից քարշ էին տված ուլունքներով զարդարված խաղալիքների մի-մի շարք, որոնց մեջ անցուցած էին մի-մի հատ մատանի: Այդ մատանիներն էին նշաններ նրանց ծնողաց ուխտադրությանը: Պառավ տատը շարժում էր օրորոցը և մեղմիկ ձայնով նանիկ էր կարդում, երեխայքը խաղում էին մատանիների հետ, մինչև անուշիկ քունը հանգստացնում էր նրանց:

«Երեխայքը մեծանում են: Մատանիներն օրորոցի խաղալիքից դառնում են նրանց մատների զարդարանք, մինչև պատանին և օրիորդը հասկանում են նրանց նշանակությունը, հասկանում են և սիրում են միմյանց...

«Հանդարտ լուսնկա գիշերներում, զաղտնի ծնողներից, ծառերի խորին ստվերի տակ, երկու սիրահարներն անցկացնում էին սիրո քաղցրիկ րոպեները... Մոխակը նախանձում էր նրանց, երբ մտածում էր, թե յուր վարդը շատ անգամ ծակոտում էր նրա սիրտն յուր փշերով, բայց Ալմաստը և Մեխակը, փուշեր չունեին...: Աներևույթ փերիները նախանձվում էին նրանց, երբ տեսնում էին, որ անմահների խմբի մեջ չկային այնպիսի սիրականներ…

«Բայց նրանց պարզ, հրեշտակային սերը չտևեց երկար: Մի սարսափելի դեպք բաժանեց նրանց մեկ-մեկուց:

«Հեռու, արևելքից հայտնվում է այն քաղաքում մի ներքինի թագավոր: Նա ունենում է յուր հետ զորքերի մեծ բազմություն: Այդ մարդիկը ջրի տեղ խմում էին աղամորդիների արյուն, իսկ հացի տեղ ուտում էին նրանց միսը: Նրանց սրտումը գութ չկար: Անտառի վագրը և բորենին ավելի բարեխիղճ էին, քան թե նրանք: Թագավորի զորքերը կրակ են տալիս այն գեղեցիկ քաղաքին, կողոպտում են բնակիչներին, կոտորում են ալևորներին, մորթում են ծծկեր երեխաներին յուրյանց մոր գրկումը, իսկ մանկահասակ աղջիկները և տղերքը գերի են առնվում: Ուղտերու ամբողջ քարավան ներով տանում էին խեղճ գերիներին դեպի ներքինի թագավորի աշխարհն, որոնց հետ և գերի է ընկնում Ալմաստն: Այնուհետև նա Մեխակից ոչինչ տեղեկություն չէ ունենում:

«Երբ թագավորը հասնում է յուր քաղաքը, բաժանում է բերած կողոպուտը և գերիներին յուր զորքերի մեջ: Ալմաստին վեր է առնում թագավորի գլխավոր զորապետներից մինը՝ մի շահզադե, որը նրա գեղեցկության համար կարգում է որպես յուր նշանավոր տիկիններից մինը հարեմի մեջ: Զարդարում է նրան ոսկով և գոհարներով, բնակեցնում է թանկագին խալիներով և շալերով շքեղացրած դահլիճների մեջ, կերակրում է նրան մեղրով և շաքարով:

«Տիկնոջ պատուհանում դրած է փղոսկրյա վանդակի մեջ մի թութակ, երբ տիկինն յուր տխուր — հուսահատական րոպեներում ածում է թառի վրա, թութակը երգում է վանդակի միջից.

«Իմ տիկինը կերակրում է
Ինձ նշերով, շաքարով,
Իմ վանդակը զարդարում է
Յուր քնքշիկ ձեռքերով»:
«Բայց զե՛թ մի ժամ ուրախ լինել
Ես չեմ կարող իմ կյանքում,
Երբ հիշում եմ, թե գերի եմ
Այդ նեղ, փակված վանդակում»...

«Տիկինը լսում է թութակի խոսքերը և նրա սրտում զարթնում են միևնույն զգացմունքները: Նա հիշում է հայրենի երկիրը, նա միտն է բերում յուր հայրը, մայրը և ազգականները: Նա հիշում է յուր կորցրած սիրականը — քաղցրիկ, անուշահոտ Մեխակին: նա զգում է, որ ինքը նույնպես մի գերի է, մի գերի հեռու աշխարհում, փակված հարեմի վանդակի մեջ և կենդանի թաղված այն տխուր գերեզմանում...: Եվ իսկույն անցյալն յուր սարսափելի կերպարանքով պատկերանում է նրա աչքի առջև: — Նա տեսնում է յուր հոր, յուր մոր և ազգականների դիակները թավալված արյան մեջ՝ յուր հայրենական օջախում, և յուր այժմյան ամուսինը սուրը ձեռքում կանգնած է նրանց մոտ...: Եվ իսկույն ծնվում է տիկնոջ սրտում մի զարհուրելի ատելություն դեպի այդ դահիճն, որ կոտորեց յուրյան ծնողքը, որ խլեց իրան հայրենական օջախից, որ և այսուամենայնիվ կոչում էր նրան յուր կին...

«Թե քնած թե արթուն՝ միշտ տիկնոջ աչքի առջև էր այդ արյունոտ տեսարանը և օրեցօր ավելի ու ավելի բորբոքվում էր նրա սրտի մեջ կատաղի ատելությունը դեպի յուր գերիչը...

«Անցնում են մի քանի տարիներ:

«Միակ միտքն, որ ավելի շատ էր տանջում տիկնոջը, էր յուր Մեխակի մասին: Նա թեև համարում էր նրան սպանվածների թվում, բայց տակավին այդ մասին մի որոշ տեղեկություն չուներ:

«Մի անգամ, տիկինն յուր աղախիններով և. ծառաներով գնում է յուրյանց մերձակա այգին, որ գտնվում էր քաղաքին մոտ: Այնտեղ ընդարձակ լճակի ափին կանգնած էր մեծաշեն ամառանոց: Գիշեր էր: Տիկինը վերնահարկի բարձրությունից նայում էր դեպի լճակն, որի մեջ լուսնյակը խաղում էր արծաթափայլ շողքերով: Երկար նա այնպես նայում էր, և նրա սրտի մեջ զարթնում էին անցած, գնացած օրերի տխուր հիշատակները...: Նա ցած իջավ ապարանքի բարձրությունից և սկսեց միայնակ պտտել ծառազարդ ճեմելիքներով և լսել թռչունների գիշերային ճռվողցը:

«Հանկարծ հայտնվում է նրա առջև մի անծանոթ տղամարդ:

«Ի՞նչպես համարձակվեցար դու մտնել այստեղ», — ասում է տիկինը և կամենում է կոչել ծառաներին, որ բռնեն նրան:

«Անծանոթ տղամարդը չոքում է տիկնոջ առջև և ասում է, — եթե ճանաչեք ինձ, տիկին, չեք բարկանա իմ վրա:

«Տիկինն ուրախությունից շփոթվում է: Ծանոթ ձայնը նրա կորսված Մեխակի ձայնն էր:

«Աստվա՛ծ իմ... — կոչում է տիկինը և գրկում է նրան:

«Մի քանի րոպե նրանք խոսք չեն գտնում միմյանց պատասխանելու: Երբ փոքր-ինչ սթափվում են իրանց հոգեզմայլությունից, տիկինը տանում է երիտասարդին մերձակա հովանոցն, այնտեղ նստում են: .

«Ի՞նչպես դու հայտնվեցար այստեղ, — հարցնում է նրանից տիկինը:

— «Ես էլ գերիների թվումն էի, — պատասխանում է երիտասարդն, — ինձ գերի անող զորապետի բանակն անցավ մի քանի օրով առաջ, և մենք բաժանվեցանք միմյանցից:

«Իսկ այժմ ո՞րտեղ ես լինում, — հարցնում է տիկինը:

— «Ես կառավարում եմ նույն զորապետի — քաղաքիս Սար Ասքերի կալվածներն, իմ անունը կոչվում է այժմ Քերիմ-բեկ:

«Ուրեմն դու ուրացա՞ր կրոնքդ:

— «Ուրացա, Ալմաստ, որովհետև ճար չունեի, ուրացա միայն առերես: Բայց մեր հայրերի կրոնքը միշտ վառ կմնա իմ սրտում որպես քո սերը...

«Դու դեռ սիրո՞ւմ ես ինձ... — հարցնում է տիկինն անուշ բերկրությամբ»:

— Սիրում եմ, Ալմաստ...

«Նրանց խոսակցությունը ընդհատում են տիկնոջ աղախիններն, որոնք, տեսնելով նա շատ ուշացավ, պտրում էին նրան: Երիտասարդը տեսնելով նրանց, աներևութանում է ծառերի խավարի մեջ:

Մյուս օրը տիկինը տուն է դառնում և այնուհետև այլևս չէ տեսնում այն նազելի պատկերը: Նա միշտ երիտասարդի վրա է մտածում և միշտ նրան է տեսնում յուր երազներում...: Երբ տաք միջօրեական պահուն տիկինը պառկած է յուր սենյակում, նրա սևամորթ աղախինը նստած է կողքին: Աղախինը հեքիաթներ է ասում և հով է սփռում տիկնոջ երեսին, որ նրա քունն անուշցնե, բայց նա չէ կարողանում քնել, որովհետև մտածում է յուր Մեխակի վրա...

Գ

Տիկինը վերջացրեց յուր հեքիաթը:

Խափշիկն, որ բոլոր ժամանակը խորին համազգացությամբ լսում էր, կտրեց նրա խոսքն ասելով.

— Քո աղախինը հասկացավ բոլորը... Մարջանը քո դարդին մի ճար կանե...

— Ի՞նչպես, Մարջան, — հարցրուց Զեյնաբխանումն ուրախանալով:

— Շուտով իմ տիկինը կտեսնե յուր Մեխակին այս սենյակումը...

Ուրախության լույսը փայլեց տիկնոջ տխուր դեմքի վրա, և նա մոռանալով յուրյան, բռնեց ստրկուհու ձեռքից հարցնելով.

— Մի՞թե...

— Իմ տիկինը դեռ չէ ճանաչել յուր աղախնին, նա ջիններից դաս է առել և շեյթանից ավելի գիտե, — պատասխանեց Մարջանը:

— Ուրեմն ես կարո՞ղ եմ նրան այստեղ տեսնել, — հպրցրուց Զեյնաբ-խանումն անհամբերությամբ:

— Դու միայն շնորհիր քո ստրկուհուն յուր արձակման թուղթը, քո կամքը կատարված կլինի:

Խորամանկ խափշիկը, հարմար միջոց գտնելով յուրյան ազատելու, մտածեց օգուտ քաղել այդ առիթից:

Տիկինն, որ ամեն բան պատրաստ էր զոհել միայն յուր սիրածին կրկին տեսնելու համար, համաձայնվեցավ:

— Թո՛ղ Քաբայի աստվածը վկա լինի ես խոստանում եմ, Մարջան, քեզ արձակել, — ասաց նա:

Խափշիկի կոկ և Փայլուն թշերը ցնցվեցան ուրախության ժպիտով և նրա սաղաֆի նման սպիտակ ատամներն ավելի գեղեցիկ կերպով երևացին փոքր-ինչ ուռած շրթունքի միջից:

— Թո՛ղ Լեյլիի և Շիրինի աստվածը քեզ օգնական լինի, — ասաց նա խորին հրճվանքով:

Իսկ Զեյնաբ-խանումը, չնայելով յուր բոլոր հոգեկան բերկրանքի՛ն, անհանգիստ մտատանջության մեջ էր:

— Բայց դու երդվի՛ր, Մարջան, որ այդ բանը գաղտնիք կմնա մեր մեջ:

— Թո՛ղ իմամ-Հուսեյնի խենջար զաիկողներից մինը լինի, թո՛ղ Օմարի դասումը դասվի Մարջանն, եթե յուր տիկնոջը հավատարիմ չմնա, — երդվեց խափշիկը:

— Այժմ ասա՛, ի՞նչ հնարքով կարող ես նրան այստեղ բերել: Խափշիկը դարձյալ ծրծաղել սկսեց, կարծեսես նրանից հարցնում էին մի ամենահասարակ բան:

— Իմ տիկինը դեռ չգիտե հարեմխանայի գաղտնիքները, — ասաց նա, — բայց Մարջանը կատվի նման, ամեն ծակ ու ծուկ մտնում է և ամեն բան իմանում է: Նա գիտե, թե ի՛նչպես պետք է բերել:

— Բայց դու ճանաչում ես Հեյդարին, — այդպես էր ներքինապետի անունը.— այդ հին դնն ավելի խորամանկ է, քան Իբլիսը.

Նրա աչքերից ոչինչ բան չէ կարելի թաքցներ: Այդ անկարելի է, Մարջան, նա հարեմխանան չէ՛ կարող մտնել ասաց… — Զեյնաբ-խանումը կրկին հուսահատվելով:

— Բայց ի՞նչ կասե իմ տիկինն, երբ Մարջանն նրան նույնիսկ Հեյդարի առջևից կբերե, և Հեյդարն յուր աչքերով կտեսնե, երբ նա կմտնե քո սենյակը և ոչինչ չի հասկանա:

Խափշիկն այդ խոսքերն ասելու միջոցի այնպես հանդարտ էր, մինչև նա զգզեց Զեյնաբ-խանումի սնահավատությունը.— դու կատարյալ կախարդ ես, Մարջան... երևի դու ծանո՞թ ես Իսմ-ազամին, — հարցրուց նա ծիծաղելով:

— Թող իմ տիկինն յուր ստրկուհու վրա չծիծաղի, — պատասխանեց խափշիկը, փայլուն աչքերը դարձնելով դեպի յոր տիրուհին: — Հարեմխանայի մեջ տղամարդիկ ներս բերելու համար հարկավոր չէ ծանոթ լինել Իսմ-ազամին:

— Էլ ի՞նչ հնար կա:

— Գիտե՞ք, տիրուհի՛, ի՞նչ էր պատմում մի օր Բազիմ-խանումի աղախինը՝ մալայուհի Ֆերուզը:

— Ի՞նչ էր պատմում:

— Նա ասում էր, թե յուր տիրուհին ունի մի սիրող:

— Հետո՞ :

— Թե սիրողը շատ անգամ գալիս է տիրուհու մոտ:

— Հարեմխանայի մե՞ջ:

— Այո՛, հարեմխանայում:

— Ի՞նչպես է ներս մտնում:

— Ֆերուզն ասում էր, իմ տիրուհին ինձ ուղարկում է այն տղամարդի մոտ: Ես տալիս եմ նրան իմ հագուստը՝ իմ րուբենդը, չարսավը, և չախչուրները: Նա հագնվում է և այնպես գայիս տիրուհուս մոտ, որպես նրա աղախինը Ֆերուզը…

— Այդ զարմանալի է, Մարջան: Ի՞նչպես ներքինիքը չեն ճանաչում նրան:

— Սատանան ինքը չէ կարող ճանաչել արդյոք չարսավի մեջի փաթաթվածը կի՞ն է, թե տղամարդ:

Տիկինը սկսեց ուրախությունից ծիծաղել, և նրա սիրտն այդ հույսերով ավելի վառվեցավ:

— Ինչո՞ւ եք ծիծաղում, տիրուհի, — շարունակեց Մարջանը. — շատ անգամ Բազի-խանումն ինքն յուր աղախնի հագուստով դուրս է գնում ամրոցեն և շաբաթներով կորչում է, սատանան գիտե, թե ուր... Իհարկե, յուր սիրողի — Շաֆիի մոտ:

— Միթե Հեյդարը չէ՞ նկատում այդ բոլորը:

—Հեյդարն ի՞նչով կարող է գիտենալ, ծպտյալ կինն աղախի՞նն է, թե տիրուհին:

— Բայց ի՞նչպես չէ՛ հասկանում խանը:

— Խանն, եթե հարեմներից մինը կորչի էլ, չի գիտենա, այնքան որ շատ են: Մինն էլ՝ իմ տիրուհուն հայտնի է, որ հարեմները գիտեն յուրյանց հերթն, թե երբ խանի հետ պետք է տեսնվին: Բացի դրանից՝ խանը շատ անգամ շաբաթներով որսի է գնում ու հետ չի դառնում:

Ջեյնա-խանումի սևորակ աչքերում կրկին փայլեցավ ուրախության լույսն. — ուրեմն մեզ համար ավելի լավ է, որ այժմ խանը մի շաբաթով որսի է գնացած:

— Հայտնի բան է:

— Եվ դու, Մարջան, պետք է գործ դնես նո՞ւյն հնարն, ինչ որ անում է Ֆերուզն յուր տիրուհու համար:

— Չէ, ես մի այլ հնար պետք է մտածեմ:

— Ի՞նչ հնար, ասա , Մարջան:

— Մարջանն այժմ ասել կարող չէ, նա պետք է մտածե դրա վրա ; Բայց թող իմ տիկինն այժմ քնի, հանգստանա, երբ որ զարթնի, Մարջանը կասե նրան:

Խափշիկը թողեց յուր տիրուհուն միայնակ յուր սենյակում: Բայց նա ամեննին չկարողացավ քնել:

Դ

Երբ Մարջանը հեռացավ յուր տիրուհու սենյակից, արեգակի գոցերը սաստիկ այրում էին դրսումը: Հարեմների հանգստության ժամն էր: Նրանք արդեն քնած էին: Միայն մանկահասակ աղախիններն, ազատ միջոց գտնելով, քաշվել էին սրահակների հովության մեջ, խոսում էին, ծիծաղում էին և զվարճանում էին փոքրիկ սենեկասպաս մանկլավիկների հետ:

Խափշիկը տեսավ մալայուհի Ֆերուզին գեղեցիկ Սալմանի հետ ման էր գալիս բակի ճեմելիքով, որ կամ արած էր խաղողենի որթերով:

— Ֆերուզ, Սալման, — ձայն տվեց նա:

Նրանք կանգնեցան: Մարջանը մոտեցավ: Նրա միտքն այն է՝ կրկին անգամ խոսեցնել Ֆերուզին, նրա տիրուհու գաղտնիքներից խոսք քաշել և յուր տիկնոջ նպատակին ծառայելու միջոցներ հնարել:

— Սոխակները նիրհում են վարդի թփերի մեջ, նախշուն

թիթեռները հանգստանում են կանաչ տերևի տակ, բայց Ֆերուզն ու Սալմանը հանգստություն չունեն...

Մալայուհին և շիրազցի պատանին երկուսն էլ ժպտեցան: Նրանք մտան ավազանի մոտ գտնվող հովանոցն, որ հյուսած էր էասի պատատուկ ոստերով, որոնց սպիտակ ծաղիկներն ավելի անուշ բուրում էին կեսօրվա տաքությունից:

— Ի՜նչ լավ էայստեղ ծխել, — ասաց Մարջանը, — գնա՛ մի դեյլան բեր, Սալման:

Փոքրիկ Սալմանն ուրախությամբ վազեց կատարել երկու աղախինների հաճույքը:

— Դու էլ այսօր չես քնել, Մարջան, երևի մի «փորացավ» ունես, — ասաց Ֆերուզը պատանու գնալուց հետո:

— Ի՞նչ փորացավ:

— Դու իմանում ես, ես ինչ եմ ասում...: Այս ժամուն երկու արարածներ չեն կարող քնել, ո՛չ հարեմխանայի աղախինները և ոչ դրսի տան մանկլավիկները...

— Ի՞նչ օգուտ, Ֆերուզ ջան: Մենք նմանում ենք երկաթի վանդակի մեջ դրած թռչունին, որի շուրջը խեղճ կատուն պտիտ է գալիս, միա՛ու, միա՛ու է անում, յուր թաթիկները մեկնում է ճեղքերից... բայց ոչինչ բավականություն չի ստանում...

— Այդ ուղիղ է, բայց գիտե՞ք, ի՜նչ է ասում առածն՝ «երկու սրտեր երբ միացան, շուտ են գտնում ծածուկ տեղը»:

— Ինչպես դու և այդ շիրազցի պատանին: Այնպես չէ՞, Ֆերուզ:

— Նա դեռ երեխա է, ոչինչ չէ հասկանում...

— Բայց դու դարձյալ սիրում ես նրան:

— Սիրում եմ... — պատասխանեց մանկահասակ մալայուհի աղջիկը և նրա մուգ՛ դեղնապղնձի գույն դեմքն ընդունեց խիստ տխուր արտահայտություն:

— Բայց մեր տիկիններն ավելի բախտավոր են մեզանից, — խափշիկը փոխեց յուր խոսքը:

— Բախտավոր են, Մարջան: Գիտե՞ք ի՛նչ էր պատմում Խուրշիդ-խանումի աղախինը՝ Հունին:

— Ի՞նչ էր պատմում:

— Նա ասում էր. իմ տիկինը մի օր թույլտվություն խնդրեց յուր քրոջ տունն երթալու: Երկու ձի պատրաստեցին՝ մինը տիկնոջ համար, մյուսը՝ ինձ համար: Մեզ հետ վեր առանք խանումի արաբին, բայց փոխանակ նրա քրոջ տունն երթալու, մենք քաղաքից դուրս եկանք, արաբը մեզ տարավ մի այգի: Այնտեղ սպասում էր խանումին մի երիտասարդ զորապետ: Խանումն երկու օր անցրուց նրա հետ:

— Բայց ի՞նչպես հավատում է Խուրշիդ-խանումն արաբին յուր գաղտնիքը, — հարցրուց Մարջանը զարմանալով:

Արաբը մեզ նման ստրուկ է, խանումը խոստացել է նրան ազատություն, եթե մինչև հինգ տարի կպահե նրա գաղտնիքը: Ասում են, նա արաբին էլ է սիրում...

Այդ խոսակցության վրա հասավ Սալմանն, որ բերում էր արծաթի գլխով մինա արած ղեյլանը: Նա մատույց ղեյլանը Մարջանին, բայց ուրախ պատանու երեսը չէր դադարում ժպտելուց:

— Ի՞նչ պատահեց քեզ, Սալման, — հարցրուց Ֆերուզը:

— Ես լսեցի ինչ էիք խոսում:

— Սո՛ւս կաց, դու դեռ փոքր ես, քեզ պետք չէ այդպիսի խոսքերին ականջ դնել:

— Ես թեև փոքր եմ, բայց շատ բան գիտեմ:

— Ի՞նչ գիտես, — հարցրուց Մարջանը:

— Ես առաջ սպասավոր էի Կ... — Միրզայի հարեմխանայում: Իմ խանումը գեղեցիկ էր, ինչպես հրեշտակ: Բայց մեր իշխանն ատում էր նրան: Տարիներով նրա երեսը չէր տեսնում: Շատ անգամ իմ խանումը զարդարվում էր գոհարներով և թիրմաներով: Հոնքերը ներկում էր բասմայով, աչքերը սևացնում էր սուրմայով և ձեռքերը ներկում էր խինայով: Նա այնպես սիրուն էր դառնում, որ ուզում էիր միշտ նայել նրա վրա: Հետո այդ բոլոր զարդարանքը նա ծածկում էր մի հին կարկատած չարսավի տակ, երեսին ձգում էր նույնպես հին բուբ ենդ: Եվ որպես մի աղքատ կին նա դուրս էր գալիս հարեմխանայից և ձևացնում էր յուրյան կույր մուրացկան: Ես նրա ձեռքից բռնած, ման էի ածում բազարումը: նա խանութպաններից ողորմություն էր խնդրում: Բազարի տղամարդերից որին հավանում էր նա, ես կանչում էի նրան մի պառավի տուն, ուր սովորաբար գնում էր տիրուհին յուր շրջանը կատարելուց հետո:

Դու կատարյալ դևիկ ես, Սալման, — ճչացին երկու աղախինները, չկարողանալով զսպել յուրյանց ծիծաղը:

— Մի անգամ, — առաջ տարավ Սալմանն, — իմ տերն իմացավ այդ բանն, իմ խանումին խեղդեցին և գիշերով թաղեցին քաղաքի խրամատի մեջ: Ես փախա այն տեղից:

Երկու աղախինները բոլոր մարմնով դողացին: Սույն միջոցին սենյակների մինի լուսամուտի ետքից լսելի եղավ մի քնքուշ կանացի ձայն — Ֆերուզ, Սալման:

— Տիկինը զարթնեց, — ասացին մալայուհին և շիրազցի պա տանին, և երկուսն էլ շտապով հեռացան Մարջանից:

Մարջանը հովանոցի մեջ միայնակ նստած մտածում էր, երբ նրա մոտ եկավ եթովպացի Սայիդը: Դա մի պատանյակ էր ուղիղ և վայելուչ կազմվածքով, որի էբենոսի նման սև, մանկական դեմքի զվարթությունը կարելի էր նկատել, թե նրա տարիքն ոչ ավելի են քան տասն և յոթը: Սայիդը Զեյնաբ-խանումի սենեկապաս ծառան էր:

— Քնե՞ց խանումը, — հարցրեց Մարջանը սպասավորից:

— Ես մտուցի երրորդ անգամ ղեյլան, նա տակավին ծխում էր:

— Նստի՛ր, Սայիդ, ես խոսելու բան ունեմ քեզ հետ: Պատանին նստեց, և նրա փայլուն աչքերն անհամբերությամբ նայում էին Մարջանի երեսին, որ նույն ժամուն ավելի հրապուրիչ կերպով կախարդում էր պատանու սիրտը:

— Ես այլևս ստրուկ չեմ, Սայիդ, իմ տիրուհին այսօր շնորհեց ինձ ազատություն:

— Աստված, քեզ փառք, — բացականչեց պատանին զգացմունքով լի ձայնով, և նրա կրակոտ աչքերի սպիտակուցքն ավելի շլացուցիչ կերպով նկարվեցան սև շրջանակների մեջ:

— Լսիր, Սայիդ, — առաջ տարավ Մարջանը: — Դու նույնպես ստրուկ չես լինի, եթե ինչ ասելու լինեմ քեզ, դու իմ խոսքը պահես:

— Սայիդը սիրում է քեզ, նա չէ կարող քո խոսքը կոտրել: Թող անիծված լինի Սայիդը, թող քո գիսակներն արյունի մեջ տեսնե նա, եթե քո խոսքը չլսե:

Լսելով այդ սարսափելի երդումը, Մարջանը մանրամասնաբար պատմեց Սայիդին յուր տիկնոջ «հեքիաթը», հայտնեց նրա նպատակը, թե պետք էր աշխատել նրա սիրած տղամարդին հարեմխանան մտցնելու:

— Այդ գործի մեջ, Սայիդ, — ավելացրեց խափշիկը, — դու ոչ միայն պիտի գաղտնիք պահես, բայց և պետք է օգնես Մարջանին յուր տիկնոջ կամքը կատարելու: Այն ժամանակ մեր տիկինը կտա քեզ ազատություն:

— Ես ամեն բանի պատրաստ եմ, եթե ինձ սպանեին ևս:

— Ուրեմն ամեն ինչ վերջացած է: Մեր տիկինը հասնելով յուր նպատակին, մենք նույնպես կհասնենք մերին...

— Այսինքն կպսակվեինք, ա՞յդ ես ուզում ասել:

— Այո՛:

Պատանու աչքերը վառվեցան, նա գրկեց յուր սիրուհին և մի տաք համբույր քաղեց նրա թշերից:

Ե

Արևը սկսել էր խոնարհվել դեպի յուր գիշերային մուտքը: Ամրոցի բարձր պատերի ստվերը հետզհետե լայնանում էր բակերի վրա: Իսկ երեկոյան մեղմիկ զեփյուռը ոգի էր ներշնչում ցերեկվա տոթից թուլացած տերևներին:

Հարեմական ծառաների խումբը՝ սև ստրուկներ, ալևոր ծերունիք, փոքրիկ պատանյակներ — բոլորը հարեմների անվտանգ մարդիկ, — որը բակն էր ավելում, որն ավազաններից ջուր էր կրում և որը ցնցուղներով սրսկում էր սալահատակների և ծաղիկների վրա: Նրանց մոտ կանգնած էր մի բարձրահասակ մարդ՝ լղարիկ կազմվածքով, բոլորովին լերկ ու թառամած երեսով և սպառնալից աչքերով: Նա հրամաններ էր տալիս աշխատողների խմբին: Նրա պատշաճավոր հագուստը, գոտկումը խրած դաջարյան դաշնակն որոշում էր նրան մյուս ծառաներից. դա ներքինապետ Հեյդարն էր:

Մարջանը, բոլորովին կազմած գլխումը յուր տիրուհու նպատակին ծառայող գաղափարի ծրագիրը, դուրս եկավ հովանոցից, երբ նրան հանդիպեց Հեյդարը:

— Ի՞նչ է պատահել քո տիկնոջ հետ, քանի օր է նա չէ երևում, — հարցրուց ներքինապետը:

— Ա՜խ, մի՜ հարցներ, Հեյդար... — պատասխանեց խափշիկը, տալով յուր ձայնին խիստ ցավալի արտասանություն: — Մարգարեների մեծը թող օգնե նրան, իմ տիրուհին ողորմելի դրության մեջ է...

— Ի՞նչ է, հիվա՞նդ է, — հարցրուց ներքինապետը զարհուրելով:

— Երանի՜ թե հիվանդ լիներ... — ասաց տարավ խափշիկը, նա տանջվում է չար ոգիներից:

— Չար ոգիների՞ց, — կրկնեց Հեյդարն ավելի սարսափելով: — Ո՜վ գթած և ողորմած ալլահ...

— Այո, բարի Հեյդար, ցերեկները հանգստություն չունի և ամբողջ գիշերը նրա աչքերին քունը մոտ չէ գալիս: Դևերը և ջինններն անդադար բզզում են նրա ականջներին, վախեցնում են և ամենևին չեն հեռանում նրանից:

— Նզո՛վք, շեյթանին, — բացականչեց ներքինապետը:

— Պետք է շուտով կանչել ջինդարին (կախարդ):

— Ես էլ այդպես եմ մտածում, Հեյդար: Ես ճանաչում եմ մի պառավ վհուկ, նա կոչվում է «ջինների մայր»: Նա իշխում է դևերի վրա, երկնքից աստղ է վեր բերում, ասում են, և փակյալ գանձերի դուռն է բաց անում: Այս առավոտ ես նրա մոտ էի, խոստացավ գիշերը գալ, երբ ավելի են հավաքվում իմ տիկնոջ շուրջը չար, ոգիները:

— Ուրեմն կգա՞ նա:

— Անպատճառ, այս գիշեր: Բայց գիտե՞ս, ի՛նչ ասաց կախարդը: Նա ասաց, խանումը պետք է միայնակ լինի յուր սենյակումն. ոչ ոք չհամարձակվի ներս մտնել նրա մոտ, որ նրա հմայքները չարգելեն:

— Ես կիրամայեմ ամենին, մոտ չգալ այն ժամուն խանումի սենյակին:

— Կախարդը կբերե յուր հետ դևերի իշխանին, — առաջ տարավ խափշիկը, — նա կհալածե ամրոցից բոլոր չար ոգիները. մեծ պատերազմ կլինի ոգիների մեջ և այդ միջոցին խանումի բակումն ոչ մի արարած պիտի չերևա, եթե ոչ կհանդիպի նրանց սրերին:

Այդպես ասում էր կախարդը:

— Ես կկարգադրեմ բոլորը, որպես պահանջում է կախարդը, — պատասխանեց ներքինապետը: Բայց նույն րոպեին նա ամբողջ մարմնով դողում էր երկյուղից:

— Միայն դու, Մարջան, այս գիշեր աշխատիր անպատճառ բերել նրան:

Խափշիկը հեռացավ ներքինապետից լի բավականությամբ որպես մի մարդ, որ կիսով չափ հասել էր յուր նպատակին: Նա գտավ չուր տիրուհին նույն գրության մեջ, որպես թողել էր: Զեյնաբ-խանումը, տակավին թիկն տված թավիշյա բարձերին, յուր սրտի ամենաքաղցր վրդովմունքի մեջ էր: Խափշիկի պատմածները հարեմական գաղտնիքների մասին քաջալերում էին նրա սիրտը, և նա հույս ուներ մյուս անգամ տեսնել նրան , և այդ բախտավոր րոպեին սպասում էր նա մեծ անհամբերությամբ: Տեսնելով Մարջանի ուրախ դեմքը, նա հավատացրեց իրան, թե խորամանկ խափշիկն արդեն կազմել էր յուր մեքենան: Եվ այդ կարծիքի մեջ չսխալվեցավ նա, երբ լսեց հետագա խոսքերը.

— Իմ տիկնոջ աչքը թո՛ղ լուսավոր լինի, ամեն բան արդեն կարգադրած է:

— Ո՞րպես, — հարցրուց Զեյնաբ-խանումը ուրախությամբ: Խափշիկը պատմեց այն ամենը, ինչ որ խոսել էր ներքինապետի հետ:

— Դու կատարյալ սատանա ես, Մարջան, — խոսեց Զեյնաբ-խանումը ծիծաղելով. — ուրեմն նա կմտնի ինձ մոտ որպես կախա՞րդ:

— Այո՛: Բայց լսեցեք, տիրուհի, այդ բոլորը չէ:

— Այլևս ի՞նչ ունես ասելու:

— Մենք չենք կարող այդ գաղտնիքը ծածուկ պահել Սայիդից, — նա պետք է գիտենա բոլորը:

— Ի՞նչպես հավատալ նրան:

Ես երաշխավոր եմ լինում իմ գլխով: Տիկինը մտածության մեջ ընկավ:

— Դու երևի ամենը պատմեցի՞ր նրան, — հարցրուց խանումը րոպեական խռովությունից հետո:

— Բոլորը: Թո՛ղ իմ տիկինը չվրդովվի, Մարջանը լավ գիտե յուր գործը: Ես խոստացա Սայիդին, թե խանումը կշնորհե քեզ ազատություն, եթե դու լուռ պահես լեզուդ:

— Նա ի՞նչ ասավ:

— Նա խոստացավ ոչ միայն լուռ մնալ, այլև ամեն բանի մեջ օգնել մեզ: Եվ երդվեցավ սարսափելի երդումներով և իմ սիրով:

— Քո սիրո՞վ, — կրկնեց տիկինը մի փոքր սիրտ առնելով:

— Այո՛, իմ սիրով, — պատասխանեց Մարջանը ծանրությամբ: — Մենք մեր տիրուհուց գաղտնիք չունենք, Մարջանը և Սայիդը սիրում են մեկ-մեկու:

Թե՛ խափշիկը և թե՛ մալայեցի պատանին Զեյնաբխանումի սեփական ստրուկները լինելով, նա կատարյալ իրավունք ուներ նրանց ազատություն շնորհելու:

— Այս օրից Սայիդն ազատ է, — խոսեց տիկինը զոհունակ կերպով, — բայց լսի՛ր, Մարջան, թե դու և թե քու սիրականը չպիտի հայտնեք ձեզ ազատված մինչև մի հարմար ժամանակ, մինչև դուք պսակված կլինեիք:

— Հասկանում եմ... — ասաց խափշիկն ուրախալի ձայնով և համբուրեց յուր տիկնոջ ոտքերը ի նշան յուր շնորհակալության:

— Ուրեմն դու մի՛ ուշացիր, Մարջան, շուտով ազանը կկանչեն:

— Դուք միայն ասացեք, թե որտեղ է նրա բնակարանը:

— Դու կգտնես նրան քաղաքիս Սար՛Ասքերի տանը, նրա կալվածքներն է կառավարում:

— Այդքանը բավական է ինձ, — ասաց Մարջանը վեր կենալով: — Դուք կախարդին սպասեցեք գիշերվա տասներկու ժամին: Այս րոպեիս գնում եմ ես: Սայիդին կասեմ ոչ ոքի չթողնե ձեզ մոտ. դուք էլ կձնացնեք ձեզ այնպես, որպես ես հայտնել եմ Հեյդարին:

— Շատ լավ: Տերին հանձնում եմ քեզ:

Զ

Քաղաքի ազնվապետական թաղերից մինի մեջ կանգնած էր փառավոր տուն, շրջապատված բարձր աշտարակներով և ատամնավոր պարիսպներով: Գլխավոր մուտքի հանդեպ շարած մի քանի հրացաններն և նրանց մոտ մի թումբի վրա նստած պահապան սարվազները ցույց էին տալիս, թե այդ ապարանքը պատկանում էր մի զինվորական աստիճանավորի: Եվ արդարև, այնտեղ կենում էր զորքի Սեր-Ասքերը:

Առավոտյան ժամն էր: Հոյակապ տան դահլիճներից մինի մեջ, որի լայն, գույնզգույն ապակիներով զարդարված լուսամուտները բացվում էին դեպի գեղեցիկ պարտեզը, նստած էին երկու ամուսիններ յուրյանց հասակի զառամյալ և պատկառելի տարիքում: Կինը թեյի մեքենայի կողքին չայ էր պատրաստում, իսկ այրը նրանից հեռու յուր վաղորդյան նամազն էր կատարում: Երբ վերջացրուց նա յուր աղոթքը, մոտեցավ կնոջը և նստեց նրա մոտ: Կինը լցրեց մի բաժակ թեյ և դրեց նրա առջև: Երբ վերջացրեց նա խմելը, սենեկասպաս փոքրավորներից մինը ներս բերավ ղեյլանը և դրեց յուր աղայի առջև: Նա սկսեց ծխել: Նրանք երկուսն էլ դեռ չէին փոփոխել իրանց մեջ ոչ մի խոսք: Բայց նրանց բազմահոգ դեմքերից երևում էր, թե երկուսի միտքն էլ զբաղված էր մի ծանրակշիռ ընտանեկան խնդրով:

Այրն առաջինն ընդհատեց տիրող լռությունը:

— Կին, դու ո՞րտեղից գիտես, թե Մահին սիրում է Քերիմ-բեկին:

— Մեհրին ինձ պատմեց բոլորը, — պատասխանեց տիկինը:

— Բայց դու Մահրիի լեզվից ոչինչ չե՞ս լսել:

— Ես նրանից հարցրի, բայց նա ոչինչ չպատասխանեց, միայն լաց էր լինում:

— Ուրեմն այդ հաստա՞տ բան է:

— Նա Մեհրիից թաքուն բան չունի, նա յուր աղախնին պատմել էր բոլորը և աղախինը հայտնեց ինձ:

Ալնոր զորապետի խորշոմած, բայց միևնույն ժամանակ պատկառելի դեմքն ընդունեց խիստ ծանր արտահայտություն, և նա առաջ տարավ յուր խոսքը:

— Յուր սիրո մեջ չէ սխալվել Մահին: Քերիմ-բեկն արժան է նրան:

Տիկնոջ թառամած, բայց տակավին գեղեցիկ աչքերում

փայլեցան ուրախության նշույլներ: Նա գոհ էր, որ ամուսնի համազգայնությունը համապատասխանում էր յուրյան:

— Այդ երիտասարդին, — առաջ տարավ զորապետը, — Գուրջիստանի Թիֆլիս քաղաքից ես բերեցի որպես գերի: Նա ազգով հայ էր, իսկ կրոնքով քրիստոնյա: Բայց շուտով ճանաչեց նա մեծ մարգարեի կրոնքի ճշմարտությունը և ընդունեց իսլամը: Այժմ նա ամենաբարեպաշտ մուսուլմաններից մինն է: Նա այսքան տարի յուր ծառայության մեջ միշտ հավատարիմ մնաց ինձ, այդ պատճառով ես սիրում եմ նրան որպես իմ աչքի լույսը: Վերջապես նա ազատեց ինձ մահից... և ես իմ կյանքով պարտական եմ նրան:

— Նա ազատեց քեզ մահի՞ց, — կրկնեց կինն ուրախանալով:

— Այո՛: Հերաթի կռվումը մենք հաղթվեցանք, իմ զորքը ցրվեցավ: Ավղանների և բելուջների սուրը անխնա խոտորում էր մեր սարվազներին նրանց հալածելու միջոցին: Ես նույնպես ստիպված էի խույս տալ կռվի դաշտից: Բայց հանկարծ իմ թուրքմենցի ձին գլխիցը գնդակ ընդունելով գլորվեցավ գետին: Ես թավալվեցա փոշիների մեջ: Մին էլ այն տեսա, մի ավղան արծվի արագությամբ չոքեց իմ կուրծքի վրա: Նրա դաշնակը փայլեց: Բայց հեռվից ծխաց մի հրացան և ավղանը մի ակնթարթում գլորվեցավ իմ մոտ: Ես տեսա իմ ազատիչը՝ Քերիմ-բեկը՝ վրա հասավ, ոտքով գլորեց դիակը դեպի մի կողմ և ինձ վեր բարձրացրեց: Նա տվեց ինձ յուր նժույգը, ասելով՝ «դուք փախեք, Սերթիփ, ես կարող եմ ինձ ազատել»: Ես համբուրեցի նրա ճակատը և այն րոպեից խոստացա նրան Մահիին...

— Փառք քեզ, աստված, — բացականչեց կինն յուր աչքերը դեպի երկինք ուղղելով: — Մի՞թե այդքան քաջ է Քերիմ-բեկը:

— Նրա մեջ փղի ուժ կա և առյուծի սիրտ, — պատասխանեց ծերունի զորապետը. — նա յուր թրի մի հարվածքով վայր է գցում մի ահագին գոմեշի գլուխը:

— Մաշալլա՜... — գոչեց կինը: — Բայց ո՜րքան ազնիվ է նա որպես տղամարդ, չնայելով որ Մահին նրա համար հանգստություն չունի, նա մինչև այսօր ուղղակի աչքով չէ նայել մեր աղջկա երեսին:

— Քերիմ-բեկը կատարյալ տղամարդ է, նա արժան է մեզ փեսա լինել և մեր բոլոր հարստության ժառանգ:

— Բայց ինչո՞ւ չհայտնել նրան մեր նպատակը:

— Ես այս րոպեիս զնում եմ դրսի տունը, նրան կկանչեմ ին մոտ և բոլորը կասեմ, — խոսեց Սեր-Ասքերը և վեր կացավ, վերարկուն զցեց ուսին և դուրս գնաց:

Սույն միջոցին ներս մտավ մի մանկահասակ աղջիկ հիանալի գեղեցկությամբ: Նրա սև զանգուրները խիտ օղակներով ծփում էին կիսամերկ թիկունքի վրա: Աղեղնաձև հոնքերն պատել էին երկայն թերթերունքներով հովանավորված աչքերը, որոնց մեջ մանկական կրակը վառվում էր յուր բոլոր արևելյան ջերմությամբ:

Դա Մահին էր: Մայրը պատմեց նրան հոր խոսքերը և յուրյանց նպատակը: Օրիորդն ոչինչ չպատասխանեց: Մի քանի կաթիլ արտասուք երևացին նրա սևորակ աչերի մեջ և հանդարտ կերպով գլորվեցան մուգ-վարդագույն թշերի վրա: — Այդ նրա համաձայնության արտահայտությունն էր:

— Սեր-Ասքերը, դուրս գալով հարեմխանայից, առանձնացար դրսի տան սենյակներից մինի մեջ և իսկույն հրամայեց յուր մոտ կանչել Քերի-բեկին:

Քանի րոպեից հետո հայտնվեցավ մի տղամարդ վայելուչ կազմվածքով և համակրական դեմքով: Նա խորին մեծարանքով գլուխ տվեց ծերունի զարապետին և կանգնեց:

— Նստի՜ր, Քերիմ-բեկ, — ասաց զորապետը: — Մոտ նստի՜ր: Երիտասարդը պահպանելով յուր պատշաճավոր համեստությունը, չոքեց զորապետից փոքր-ինչ հեռու խալիների վրա:

— Լսի՜ր, բարեկամ, — խոսեց ծերունին, — ես այսօր պետք է հայտնեմ քեզ մի միտք, որ վաղուց դրած էր իմ սրտի մեջ: Դու տեսնում ես, որ ես արդեն հասակս առած եմ, գերեզմանը շատ հեռու չէ ինձանից, մահը կանգնած է իմ վզի ետնեն: Միակ ճրագն, որ պետք է վառ պահե իմ օջախը, է իմ սիրելի աղջիկ — Մահին: Բացի նրանից, դու գիտես, ես ուրիշ զավակ չունեմ: Մահին այժմ տասն և վեց տարեկան է, ուրեմն ես կարող եմ կատարել իմ խոսքը, որ տվեցի քեզ Հերաթի կռվի դաշտումն, երբ դու իմ կյանքն ազատեցիր մահից: Մահին քո կինը կլինի, Քերիմ-բեկ, իսկ դու իմ որդին: Եվ իմ բոլոր հարստությունը կմնա ձեզ ժառանգություն:

Այդ երկար մոնոլոգի միջոցին Քերիմ-բեկի դեմքն ավելի և ավելի մռայլվում էր: Կարծես թե նա սարսափելով սպասում էր ծերունի զորապետի վերջին խոսքերին:

Այժմ, իմ որդի, — ես այսուհետև այդպես պետք է կոչեմ քեզ, — ե՛կ ձեռքս համբուրիր, որ քեզ օրհնեմ:

Ներքին պատերազմն ամենասաստիկ կերպով խռովում էր երիտասարդի սիրտը: Մի քանի րոպե նա տարուբերվեցավ անվճռականության մեջ:

— Աստված երկար կյանք տա ձեզ, իմ տե՛ր, — պատասխանեց նա շփոթվելով. — Ես պատրաստ եմ համբուրել ոչ թե ձեր ձեռքն, այլև ձեր հողաթափները: Բայց ինչ որ վերաբերում է Մահիին, այդպես շուտ չեմ կարող ընդունել մի այդպիսի առաջարկություն:

Զարմանքը ծերունու մեջ սարսափի փոխվեցավ, լսելով մի այդպիսի անսպասելի պատասխանը, նա հարցրուց անհամբերությամբ.

— Երևի դու չե՞ս սիրում Մահիին:

Երիտասարդը դարձյալ ընկղմվեցավ դժվարացուցիչ դրության մեջ: Նա չգիտեր, թե ինչ պատասխանի: Իսկույն ծագեցավ նրա գլխում մի միտք և նա վճռեց կեղծավորվիլ:

— Ես սիրում եմ Մահիին, իմ տեր, բայց նրա սերից ավելի ես պատվում եմ իմ ուխտը:

— Ո՞րպիսի ուխտը, — զարհուրելով հարցրուց ծերունին:

— Հերաթի կռվի դաշտումն, երբ հայտնեցիք դուք ձեր խոստմունքը Մահիի մասին, միևնույն րոպեին ես երդվեցա մեծ մարգարեի առջև, որ չպսակվեմ՝ մինչև Մեքկա ուխտավորության չերթամ: Ես պետք է գնամ Մեքկա, ես պետք է մտնեմ Քաբայի տունը, համբուրեմ Մոլհամմեդի գերեզմանը և հաջի դառնամ, որպեսզի կարողանամ դրանով սրբել իմ ձեռքերն այնքան արյուններից, որ թափել եմ ես...

Այս խոսքերն երիտասարդն արտասանեց այնպիսի մի ջերմեռանդությամբ, մինչ ծերունու սրտում ամենևին կասկած չմնաց նրանց ճշտության մասին: Նոր իսլամը ընդունող այլակրոն երիտասարդի այդ մուսուլմանական զգացմունքն ավելի բարձր, ավելի վսեմ էր, քան թե Մահիի սերը և ամեն երկրային բան: Այդ պատճառով ծերունին խոնարհվեցավ երիտասարդի այդ սուրբ կրոնական պարտավորության առջև:

— Երբ որ այդպես է, — խոսեց ծերունին, — ես չեմ շտապեցնի քո հարսանիքն, իմ որդի: Ես նախ և առաջ մեծ պատրաստությամբ կուղարկեմ քեզ Մեքկա, դու քեզ հետ կունենաս մի ամբողջ քարավան ծառաների և ստրուկների և կկատարես քո ուխտը:

— Աստված թող երկար կյանք պարգևե քեզ, տեր իմ, — պատասխանեց երիտասարդը և մոտեցավ համբուրելու ծերունու աջը:

Բայց զորապետը բռնեց նրա ձեռքից. — Խոստանո՞ւմ ես, որդի, որ հաջի դառնալեդ հետո կկատարես իմ կամքը: Երիտասարդը կրկին շփոթվեցավ:

— Ասա՛, մի՛ ամաչի:

— Խոստանում եմ... — պատասխանեց Քերիմ բեկն, իսկ այդ խոսքը կարծես այրեց նրա շրթունքը...

Է

Մի քանի օր միայն անցել էր այդ խոսակցությունից:

Երեկոյան ժամն էր: Մեչիդների բարձր մինարեթների գլխից լսելի էին լինում հարյուրավոր մուազինների (քարոզների) ազանի ձայներ, մինը գոռում էր, մյուսը կլկլացնում էր յուր ձայնը: Այդ հնչումների ընդհանուր խռովության հետ՝ միախառնվելով քարանեյխանայի երեկոյան խոռոտոտոյի զռզռոցը, այգիներից յուրյանց բեռնով դարձող ավանակների անուշ մեղեդին–կազմում էին մի անախորժ ներդաշնակություն:

Խանութպանները բազարից շտապում էին դեպի տուն: Նրանցից ոմանք յուրյանց թևքի տակին տանում էին մի քանի սանգակ, որը մի կտոր սառուց խոտով քարշ էր տված յուր ձեռքից, որն յուր քթի թաշկինակի մեջ կանաչի կամ միրգ էր տանում յուր երեխաներին:

Նույն ժամուն մի կին, ոտքից գլուխ փաթաթված կապույտ չարսավի մեջ, սպիտակ երեսկալով, մի մեծ կապոց թևքի տակին բռնած, միայնակ դիմում էր դեպի Ղազվինի-Դարվազեն: նա անցավ բազարից և կես ժամից հետո հասավ Սեր-Ասքերի տունը:

— Ո՞վ ես դու, — հարցրուց դռնապանը խռպոտ ձայնով, երբ կամենում էր կինը ներս մտնել:

— Քերիմ-բեկի համար լվացք եմ տանում, — պատասխանեց անծանոթը, ցույց տալով թևքի տակի կապոցը:

— Անցե՛ք, բեկը այժմ յուր սենյակումն է, — ասաց դռնապանը:

Կինը ներս մտավ: Փոքրիկ սպասավորից, որ հանդիպեց նրան սրահակի մեջ, տեղեկացավ նա Քերիմ-բեկի կացարանի մասին և ուղղակի դիմեց այնտեղ: Կինը գտավ նրան միայնակ, յուր սենյակում թեյ էր խմում և ծխում էր:

Նա առանց բարձրացնելու երեսկալը, մոտեցավ երիտասարդին, բարևեց.

— Խաղաղություն լինի քեզ:

Երիտասարդը սովորական կերպով ընդունեց ողջույնը, հրավիրելով նրան նստել: Կինը մոտեցավ նրան և հազիվ լսելի ձայնով ասաց.

— Իմ տե՛ր, ձեզ հետ գաղտնի խոսելիք ունեմ:

Այդպիսի անակնկալ հյուրերը, մանավանդ անծանոթ կնիկներից ամուրի երիտասարդների մոտ, այն քաղաքում սովորական լինելով Քերիմ-բեկն ամենևին չկասկածեց յուր այցելուի մասին, և խիստ քաղաքավարի կերպով պատասխանեց նրան.

— Այստեղ չեն արգելի ձեզ, միայն դուք հետ քաշեք ձեր երեսկալը:

Անծանոթն երեսից առեց դիմակը և հայտնվեցավ մի խափշիկի դեմք բավականին նուրբ գծագրությամբ: Երիտասարդը մտածեց, թե նա տարփավոր խանումների աղախիններից մինը պետք է լինի:

— Ի՞նչպես թողեցին ձեզ ինձ մոտ:

— Ես խաբեցի դռնապանին, ասեցի թե ձեզ համար լվացք եմ բերում, — պատասխանեց խափշիկը, ցույց տալով յուր կապոցը:

Օրիորդը նստեց երիտասարդից ոչ այնքան հեռու:

— Բարի՛ լինի ձեր գալուստը... — հարցրուց Քերիմ-բեկը հետաքրքրությամբ:

— Փա՛ռք աստուծու, բարի է, — ասաց աղախինը և, ավելի մոտենալով երիտասարդին, խոսեց նրա ականջին. — ինձ ձեզ մոտ ուղարկեց Զեյնաբ-խանումը:

Զարմացքը, հրճվանքը և սոսկումը փոփոխակի կերպով մի րոպեում նկարվեցան Քերիմ-բեկի դեմքի վրա: Նա չկարողացավ իսկույն հավատալ խափշիկի խոսքին:

— Ո՞վ է Զեյնաբ-խանումը, — հարցրուց նա փորձելու մտքով:

— Իմ տերը լավ է ճանաչում նրան: Զեյնաբ-խանումն իմ տիկինն է, իսկ ձեր — սիրուհին: Դեռ Գուրջիստանի Թիֆլիս քաղաքում Մեխակը և Ալմաստը սիրում էին միմյանց: Այդպես կոչվում էր այնտեղ ձեր երկուսի անունները: Ներքինի թագավորը ձեզ այստեղ գերի բերավ և դուք բաժանվեցաք միմյանցից...

Մի երկբայական սարսուռ ցնցեց Քերիմ-բեկի բոլոր մարմինն այդ խոսքերը լսելու միջոցին:

— Դո՛ւք, — հառաչ տարավ խափշիկը, — ձեր հայրենիքից զրկվելուց հետո մեկ-մեկից բնավ տեղեկություն չունեիք, մինչև քանի շաբաթ առաջ հանդիպեցաք միմյանց իմ տիկնոջ ամառանոցումը...

— Նզո՛վք շեյթանին, — բացականչեց երիտասարդը սարսափելով, — մեր գաղտնիքը հայտնված է...

— Հանգստացեք, իմ տեր, ես լրտես չեմ: Հավատացնում եմ ձեզ յոթն իմամների անունով, որ իմ խոսքերի մեջ կեղծավորություն չկա: Ձեր և Զեյնաբ-խանումի կյանքի պատմությունը բոլորն ինձ հայտնի է: Իմ տիրուհին Մարջանից գաղտնիք չունի, — այդպես է ձեր աղախնի անունը:

Խափշիկը, դուրս բերելով յուր ծոցից մի ոսկյա խաչ, ցույց տվեց երիտասարդին:

— Ճանաչո՞ւմ եք այդ բանը:

— Տե՛ր աստված, այդ «նրանն» է... — բացականչեց Քերիմ-բեկն, յուր ձեռքն առնելով փոքրիկ խաչը:

— Լսեցեք, իմ տեր, — շարունակեց խափշիկը, — Զեյնաբ-խանումն այդ նշանը տվավ ինձ, ձեզ ցույց տալու համար, որ դուք հավատաք իմ բոլոր ասածներին:

— Ես այժմ հավատում եմ ձեզ:

— Ուրեմն ականջ դրեցե՛ք: Զեյնախանումը սպասում է այս գիշեր տասներկու ժամին ձեզ յուր մոտ ընդունելու:

— Ո՞րպես կարող եմ մտնել հարեմխանան:

— Դուք կհագնեք այդ շորերն, որ ես բերել եմ հետս և կմտնեք հարեմխանան որպես մի կախարդ պառավ:

Խափշիկը ցույց տվեց նրան յուր բերած կապոցը և հայտնեց այն բոլորն, ինչ որ խոսեցել էր ներքինապետի հետ, և որպես կարգադրել էր նրա դերը հարեմխանան մտնելու համար: Քերիմ-բեկը լսելով այդ խոսքերը, չկարողացավ զսպել յուր ծիծաղը:

— Մարջա՛ն, — ասաց նա, — դուք ուզում եք ինձ կախա՞րդ շինել:

— Ուրիշ հնար չկա: Ժամանակը թանկ է մեզ համար: Իմ

տիրուհին կսկիծից կմեռնի, եթե այս գիշեր ձեզ չտեսնե։ Ամրոցում ամեն ինչ կարգի գրած է ձեզ ընդունելու համար։ Այդ մասին միամիտ կացեք։ Ահա ես գնում եմ և ձեզ մոտ եմ թողնում այդ հագուստը։

— Ես ո՞րտեղ կարող եմ գտնել ձեզ։

— Հա՛, մոռացա։ Դուք կգտնեք ինձ Ջումա-մեչիդի մոտ։ Այնտեղից մենք միասին ամրոցը կերթանք։

— Շատ լավ, — պատասխանեց երիտասարդն ուրախությամբ, երկու ժամից հետո ես այնտեղ կլինեմ։

Խափշիկը վեր կացավ և, մնաք բարով ասելով, հեռացավ։

Ը

Մթին գիշեր էր։ Շահզադեի հարեմխանայի գույնզգույն, ապակեզարդ լուսամուտները վառվում էին կախարդական լույսով։ Ծառերի խորհրդական սոսափյունը, շատրվանների ներդաշնակ խոխոջմունքը, գիշերապահ զինվորների ազդարար նշանախոսումթյունները, նրանց համար — հրոցը՝ տալիս էին այդ ցավերով ու զվարճությամբ լի բնակարանին մի դյութական բնավորություն...։

Ամեն մի հարեմի սենյակից լսելի էր լինում մի առանձին ձայն. մի տեղ մանկահասակ աղախինները հնչեցնում էին թմբուկ, դայիրա և քաման, և իրանց տիրուհուն պար էին ածում։ Մի տեղ վշտալի հարեմը, միայնակ նստած յուր սենյակի լուսամուտի հանդեպ, փփուկ մատները վազեցնում էր թառի լարերի վրա և տխուր ձայնով երգում էր յուր կորսված սերը...։ Մի այլ սենյակում ձայրը շարժում էր յուր զավակի օրորոցը և նանիկ՝ էր կարդում։ Մի այլ տեղ ավելի հասակավոր հարեմը՝ լի բարեպաշտական զգացմունքներով՝ յուր գիշերային նամազն էր կատարում։ Մի խոսքով, ամեն ինչ շարժողության մեջ էր, ամեն տեղ եռ էր գալիս հարեմական կյանքն յուր ուրախ, տրտում, գեղածիծաղ և արտասվելի տրամադրության մեջ…

Մի սենյակում միայն տիրել էր խորին լռություն և ազոտ լույսվ վառվում էր ճրագը: Ոչ ոք չէր համարձակվում մոտենալ այդ բնակարանին. ամբողջ ամրոցի մեջ տարածվել էր լուր, թե այնտեղ հավաքվել էին չար ոգիները:

Այդ Զեյնաբ-խանումի սենյակն էր:

Անհամբեր, լի հոգեկան քաղցր վրդովմունքով, «մինին» պասում էր նա այն ժամուն յուր նվիրական օթյակումը...: Հոլանի թիքը նեցուկ տված գեղեցիկ գլխին, նստած էր նա, և արձակ ծամերն ալիքավոր հոսանքով թափվել էին կիսամերկ կուրծքի վրա: Սենյակի մեջ տիրում էր խորին լռություն: Միայն ժամացույցի կանոնավոր չկչկոցը ներդաշնակում էր նրա սրտի ամեն մի զարկի հետ, երբ նա մտածում էր, թե երբ կլրանա տասներկու ժամը:

Վերջապես մսւածեց նա յուր հոգեկան ամբոխմունքը մի փոքր ցրվել թամբաքուի ծխով: Այգ պատճառով ձայն տվեց, — Սայի՛դ:

Իսկույն դռները հետ գնացին, և եթովպացու սև կերպարանքը նկարվեցավ սենյակի մռայլի մեջ:

— Մի ղեյլան:

Սայիդը գլուխ տալով հեռացավ:

Նա կանգնեցավ ոտքի վրա և ուզում էր մոտենալ բաց լուսամուտին մի փոքր թարմ օդ ծծել: Նրա կլասիկական հասակը նույն ժամուն նմանություն էր բերում մի հավերժահարսի, որ կարծես դեռ նոր վեր էր բարձրացել ծովային փրփուրներից: Ոսկի թելերով նխշած կարճլիկ չափքանը խիստ նեղ կերպով սեղմված էր նազուկ մեջքին: Եվ ամպի պես փքված շալվարները լայն բացվածքով հասնում էին մինչև բուորովին մերկ սրունքները: Թափանցիկ շապիկը հազիվ սքողում էր մարմարյա կուրծքը, որի վրա գոհարեղեն մանյակը վառվում էր աստղերի նման: Նա նստեց պատուհանի հանդեպ, երբ Սայիդը մատուց ղեյլանը:

— Սայիդ, Մարջանն ասա՞ց քեզ, թե այս գիշեր մենք մի հյուր պետք է ընդունենք:

— Ասաց, տիրուհի: Ես բոլորը գիտեմ, — պատասխանեց եթովպացին խորհրդավոր ձայնով:

— Դու արթուն կաց, որ «նրա» զալուստը չարգելվի:

— Ես հսկում եմ որպես սատանան: Քանի րոպե առաջ բոլոր հարեմխանան կատվի զգուշությամբ շրջագայեցի: Այս գիշեր չղջիկներն էլ կարծես չեն համարձակվում ձեր բակին մոտենալ; Չար ոգիների սարսափը տիրել է ամենի վրա: Ծերունի Հեյդարը բռնված է մի անասելի երկյուղով: Ես տեսա նրան, ա՛խ, ո՛րպես աղոթում էր նա յուր սենյակում...

Մի ուրախ ժպիտ շարժեց խանումի վարդագույն շրթունքը և մարգարտյա ատամները դուրս երևացին, որպես սադաֆը կարմիր բուստի միջից:

— Այդ լա՛վ է... — խոսեց նա, — Մարջանը շատ խորամանկությամբ հնարել է յուր ֆենդուֆելը...

— Նա շատ սատանա է, տիրուհի, — պատասխանեց Սայիդը, կամենալով այդ խոսքով արտասանել Մարջանի անսահման գիտությունը:

— Դրա համար էլ զոլ սիրում ես նրան: Այդպես չէ՞:

Եթովպացին ոչինչ չպատասխանեց, բայց նրա խոշոր աչքերի սպիտակուցները շողացին, որպես մի զույգ աստղեր սև ամպերու ճեղքից:

Պատի ժամացույցը տասներկու անգամ զարկեց յուր մուրճը: Հանկարծ ամրոցի դրսից լսելի եղավ գիշերային բուի ձայնի հնչումները, որպես թե թռչունը մոտենում էր յուր որսին:

— Մարջանն եկավ, — ասաց Սայիդը յուր լսելիքն ավելի լարելով:

Բուի ձայնը կրկնվեցավ:

— Նա որսը յուր հետն է բերում, — ասաց Սայիդը և շուտով դուրս գնաց յուր տիրուհու սենյակից:

Նույն րոպեին Զեյնաբ-խանումի բակում լսելի եղավ մի այլ թռչունի ձայն, որ նմանում էր գիշերապահ կռունկի ձայնին: Առաջին ձայնը պատասխանեց նրան և իսկույն լռեց: Վերջինը Սայիդի սիգնալն էր:

Եթովպացի պատանին դուրս վազեց հարեմխանայից և շուտով հայտնվեցավ ամրոցի դռանը: Երկու ստվերներ դուրս երևացին խավարի միջից, մինը մոտեցավ Մայիդին և փոխեցին նրա հետ մի քանի խոսքեր նեգրյան լեզվով:

Նրանք երեքը միասին դիմեցին դեպի ամրոցը:

— Ո՞վ է այդ կինը,— հարցրուց հարեմխանայի դռնապանը:

— Կախարդը, — պատասխանեց Մարջանը:

Ներքինին ոչինչ չխոսեց և ներս թողեց:

Քանի րոպեից հետո «կախարդը» հայտնվեցավ Զեյնաբ-խանումի սենյակումը: Մարջանը իսկույն վայր թողեց լուսամուտների վարագույրները և հեռացավ:

Կախարդի արտաքին կերպարանքը բոլորովին համապատասխան էր յուր կոչմանը: Նրան չէր կարելի որոշել մի ցիգան պառավից յուր փալ բացելու բոլոր օտարոտի պարագաներով: Իսկ երբ նա ձգեց չարսավը և երեսկալը, որոնցով ծածկված էր, երևան եղավ մի վայելչակազմ տղամարդ, կողքից քարշ ընկած դաշույնով և գոտիումը խրած մի զույգ ատրճանակներով:

Զեյնաբ-խանումը տեսնելով յուր ցանկության առարկան, իսկույն վազեց և փաթաթվեցավ նրա վզով: Երկար այնպես գրկախառնված մնացին նրանք և լուռ ու մունջ վայելում էին իրանց սրտի բերկրությունը...

Թ

Երբ մի փոքր սթափվեցան նրանք յուրյանց հոզեզմայլությունից, նստեցին միմյանց մոտ, տիկինն առաջինը ընդհատեց տիրող լռությունը.

— Ո՞վ կմտածեր, Մեխակ, որ այդքան անցքերից հետո մենք կրկին կտեսնեինք միմյանց:

— Աստուծո ձեռքում ամեն ինչ հնարավոր է, Ալմաստ, —

պատասխանեց երիտասարդը: — Բայց ինչպես լավ խոսում ես դու հայերեն, դու չես մոռացել մեր լեզուն:

— Ես ոչինչ չեմ մոռացել, Մեխակ ջան, ես դեռ հիշում եմ Թիֆլիսն ու մեր Քուռը, ես դեռ հիշում եմ Խոջանց վանքն ու Համբարձման օրը, երբ աղջիկների հետ այնտեղ ջանգյուլումներ էինք երգում ու վիճակով մեր բախտը փորձում: Ես դեռ մտքումս ունեմ մի քանի ջանգյուլումներ: Կարծես թե հենց այս րոպեիս իմ աչքի առջև կանգնած են մեր տունը և մեր կտուրն, ուր ճյուղերով ծածկված չարդախի տակ, հիշո՞ւմ ես, Մեխակ, մենք անցուցանում էինք ամբողջ գիշերներ...

— Հիշում եմ... — պատասխանեց երիտասարդը, և նրա ձայնը դողաց սրտի հուզմունքից: — Ես ուրախ եմ, Ալմաստ, որ այդ բոլորը չես մոռացել դու: Ես մտածում էի, թե հարեմական զվարճությունների մեջ դու մտահան կանեիր մեր բախտավոր անցյալը — մեր սիրո և մանկության քաղցրիկ օրերը...

— Ի՞նչ զվարճություն, իմ սիրելի, դու ինքդ լավ գիտես, թե ինչ բան է հարեմխանան և հարեմը: Այստեղ ոսկուց, արծաթից և թանկագին գոհարներից է կազմվում անբախտ հարեմի գերեզմանը... թիրմա շալերից է կարվում նրա պատանը... և նա թաղվում է զարդարված դահլիճների փակված պատերի մեջ...

— Եվ նա մխիթարություն է գտնում, — ավելացրեց երիտասարդը, — խոսելով թրված ներքինիների և զզվելի դեմքով՝ սևամորթ ստրուկների հետ:

— Այդ ուղիղ է, իմ սիրելի, — հառաչ տարավ Ալմաստը: — Դու չես կարող երևակայել, թե ի՛նչ ցավերով անցուցել եմ ես այստեղ իմ սև օրերը...: Ամբողջ հարեմխանան լցված է կնիկներով, ամեն ազգից և ամեն դասից: Նրանց ամեն մեկի կյանքի հետ կապված է մի սարսափելի պատմություն: Ներքինապետը միևնույն կերպով է վարվում յուր տիրոջ կնիկների հետ, ինչ կերպով որ վարվում է ախոռապետը նրա ձիաների հետ, երբ պատրաստում էր նրանցից մինը, որին նրա տերը բարեհաճել էր հեծնել և կատարել յուր զբոսանքը…

— Սարսափելի դրություն, — կոչեց երիտասարդը:

— Ներքինապետը հերթով է բաժանում հարեմխանայի իշխանի սերը նրա կնիկների մեջ, — շարունակեց Ալմաստը ցավալի ձայնով: — Կնիկները ստիպված են կամ կաշառել իրանց անգութ պահապանին և կամ հաճոյամոլություններով գրավել ամուսնի սիրտը:

Երիտասարդը բոլոր ժամանակը լսում էր, թույլ տալով յուր սիրուհուն թափել սրտի ցավերը:

— Շատ անգամ հուսահատությունը մինչ այն աստիճան տիրում էր ինձ, որ ես պատրաստվում էի ինձ խեղդեի կամ որևիցե թույնով հանգստացնել սրտիս դարդերը: Բայց միշտ մի աներևույթ ձեռք կարծես արգելում էր ինձ, երբ մտածում էի, թե ես քրիստոնյա եմ, թե իմ դիակը կդրվի մահմեդական գերեզմանատնում...

— Բայց դու չէի՞ր մ տածում իմ վրա, — ընդհատեց երիտասարդը նրա խոսքը:

— Մտածում էի, Մեխակ ջան, ի՜նչպես չէի մտածում: Ես կարծում էի, թե երկնքումը կգտնեմ քեզ և այնտեղ էլի կսիրենք մեկ-մեկու:

Վերջին խոսքերն արտասանելու միջոցին Ալմաստի աչքերը լցվեցան արտասուքով:

— Ուրեմն դու չգիտեի՞ր, որ ես կենդանի եմ:

— Ո՜չ, մինչև այն օրն, երբ քեզ առաջին անգամ տեսա մեր այգումը, երբ դու ասացիր թե «դեռ սիրում ես ինձ»:

— Սիրում եմ, Ալմաստ, — պատասխանեց երիտասարդը:

Այնուհետև մի ըստ միոջե պատմեց նա, թե ինչ նշանակություն էր ստացել ինքը Սեր-Ասքերի տան մեջ: Հայտնեց նրա դստեր Մահիի սիրահարվիլն յուր վրա և նրա ծնողաց նպատակն յուրյան փեսայացնելու և ամբողջ հարստության ժառանգ շինելու: Պատմեց, թե ինչպես նրանց առժամանակ հանգստացնելու համար ստիպված էր ինքը կեղծավորվիլ, պատճառ բերելով Մեքկայի ուխտագնացությունը և այլն:

Երիտասարդի պատմության ժամանակ Ալմաստի դեմքը հետզհետե պայծառանում էր, նրա աչքերը լի հոգեկան կրակով՝ փայլում էին քնքուշ սրտի բոլոր զգացումներով: Երբ վերջացրեց նա յուր պատմությունը, տիկինը գրկեց նրան ասելով.

— Այդ բոլորը դու զոհեցի՞ր ինձ համար...

— Ես զոհել եմ քեզ, սիրելի Ալմաստ, ոչ միայն իմ սիրտը, այլ իմ կյանքը և իմ ձեռքը, — պատասխանեց Քերի-բեկը, համբուրելով նրա թշերից:

— Ուրեմն ազատի՛ր ինձ, Մեխակ ջան, ազատի՛ր այդ բանտից:

— Ես կազատեմ քեզ, Ալմաստ, ես վաղուց մտածում եմ դրա վրա: Դեռ դու իմ գոյության մասին ոչինչ տեղեկություն չունեիր, դեռ դու չգիտեիր, թե ուր է Մեխակը, ես մտածում էի քո ազատության համար: Ես միշտ կարող էի թողնե՛լ այդ քաղաքը և փախչել դեպի իմ հայրենիքը: Սեր-Ասքերի բոլոր հարստությունը չէր կարող կապել իմ սիրտն ինձ համար մի ատելի երկրի հետ, որտեղ ես բերված էի որպես գերի: Բայց մի բան ստիպեց ինձ այսքան երկար ժամանակ այս քաղաքումս մնալ, երբ մտածում էի, թե այստեղ կթողնեմ մի սիրտ, որ գուցե դեռ զարկում էր իմ համար... — Այդ քո սիրտն էր, Սիրելի Ալմաստ:

— Ա՛խ, ո՛րքան բարի ես դու, Մեխակ: Ազատի՛ր ինձ, ազատի՛ր, — կրկնեց Զեյնաբ՝խանումն արտասվելով:

— Նպատակն արդեն վճռված է, սիրելի Ալմաստ, մնում է նրա գործադրությունը:

— Ինչո՞ւ չպիտի շուտ լինի այդ:

— Հարկավոր է մտածել, թե ի՞նչ հնար պետք էր գործ դնել:

— Ա՛խ, այդ շատ ուշ կլինի... — կոչեց հուսահատությամբ զեյնաբ-խանում ը:

— Մի՛ շտապիր, իմ հոգիս, — պատասխանեց

երիտասարդը ծանրությամբ: — Գիտե՞ս մենք որտեղ ենք գտնվում, — Պարսկաստանի սրտումը և մեզանից ամեն մինն ամենաիզոր իշխանի տան մեջ: Երկրի սահմանները հազարավոր մղոններով հեռու են դրած մեզանից: Մի փոքր անզգուշությունը կարող էր մեզ հավիտյան դրկել միմյանցից...

— Ա՜խ, աստված, — բացականչեց տիկինը տխուր ձայնով:

— Լսի՛ր, Ալմաստ, այստեղ չէ կարելի մեզ երկար խորհրդակցել միմյանց հետ: Այդ անշունչ պատերը կարող են ականջ ունենալ, հարկավոր է նշանակել փոքր ի շատե ապահով տեղ:

— Ես ոչ մի տեղ չեմ ճանաչում, սիրելի Մեխակ, մինչև այսօր այս չորս պատերն են եղել իմ աշխարհը:

— Դու հիշո՞ւմ ես ձեր հարևան Սալոմեին:

— Այո՛, հիշում եմ, կախեթցի Գիորգիի աղջիկը, նա իմ լավ բարեկամս էր:

— Սալոմեն այժմ այս քաղաքումն է: Մի պարսիկ տասնապետ գերի բերավ նրան այստեղ, հետո ամուսնացավ նրա հետ: Սալոմեն ունի մի զավակ միայն յուր տղամարդից: Նա շատ բարի կին է:

— Առաջ էլ բարի աղջիկ էր, — կտրեց Զեյնաբ-խանումը Քերիմ-բեկի խոսքը:

— Այո՛, բարի աղջիկ էր: Ես նրա միջնորդությամբ էի միշտ քեզ զանազան խաբարներ ուղարկում... Սալոմեն մեր գաղտնիքն այնպես ծածուկ պահում էր: Ես տակավին չեմ մոռացել նրան: Ես քեզ հետ տեսնվելուց առաջ շատ անգամ գնում էի նրա տունը, միշտ քեզ վրա էինք խոսում և նորոգում էինք վաղեմի հիշողությունները...: Նա դեռ սիրում է քեզ, Ալմաստ, դու կարող ես նրա տունը քեզ ապահով օթևան ընտրել, երբ կկամենայիր ինձ հետ տեսնվիր:

— Բայց ես չեմ գիտում նա որտեղ է բնակվում:

— Այս գիշեր Մարջանին ես ցույց տվի նրա տունը, խափշիկը քեզ ուղղակի այնտեղ կբերե:

— Շատ լավ, այսուհետև մեր տեսությունների համար կնշանակենք Սալոմեի տունը: Ես շատ ցանկանում եմ նրան տեսնել, ես չգիտեի, թե նա էլ գերի է առնված: Ա՜խ, ի՜նչքան կուրախանա Սալոմեն, երբ ինձ տեսնե:

— Շատ կուրախանա, Ալմաստ, նա դեռ սիրում է քեզ, — հառաջ տարավ երիտասարդը: — Մարջանը կլինի մեր միջնորդը, երբ պետք էր տեսության ժամերը նշանակել, այդ խափշիկը շատ խելացի աղջիկ է երևում:

— Միևնույն ժամանակ նա չափից դուրս հավատարիմ է:

— Իսկ այդ եթովպացի պատանի՞ն:

— Սաի՞դը, նա նույնպես հավատարիմ է ինձ:

— Շատ լավ, մենք կարող ենք օգուտ քաղել դրանց հավատարմությունից: Այդ սևերը խիստ հարմար գործիք են լինում գաղտնի հարաբերություններում: Միևնույն ժամանակ նրանք խորամանկ են, որպես սատանա:

Սույն միջոցին նախասենյակից լսելի եղան զանազան ձայների սարսափելի հնչումներ: Կարծես թե գիշատող գազանների աhարկու մռնչյունները կազմում էին մի ընդհանուր վայրենի ներդաշնակություն:

Երիտասարդը ձեռքը տարավ դեպի դաշնակը:

— Մի՜ վրդովիք, Մեխակ, դրանք խափշիկը և եթովպացին ներկայացնում են չար ոգիները:

— Գրո՜ղը տանե նրանց, կատարյալ սատանաներ են, — ասաց երիտասարդը ծիծաղելով:

— «Կախարդը» սկսել է յուր գործողությունը...- պատասխանեց հեգնորեն Զլեյնաբ՝ խանումը:

— Ի՜նչ ծիծաղելի դեր եմ խաղում ես:

— Այդ ուղիղ է, դու վաղուց կախարդել ես իմ սիրտը... Աhարկու մռնչյունները կրկնվեցան:

— Չար ոգիների պատերազմը սկսվեցավ, — ասաց ներքինապետ Հեյդարը, որը կանգնած հարեմխանայի դռանը լսում էր այդ ձայները: Նա զարհուրելով փախավ, փակվեցավ յուր սենյակում, սկսավ աղոթել և «բ'իսմուլլահ կարդալ»:

— Սալման, լսի՛ր, ի՛նչ սարսափելի ձայներ են հանում դևերը, — ասաց վազելով պատանի շիրազցու մոտ Ֆերուզը. — փախչենք, սիրեկան, փախչենք այս տեղից:

Նրանք վազեցին դեպի յուրյանց սիրուհու սենյակը:

Մի րոպեում երկյուղը և սոսկումը տիրեց ամբողջ ամրոցի վրա: «Խե՛ղճ Զեյնաբ-խանում, — ասում էին հարեմներից շատերը, — հիմա դևերը կխեղդեն նրան...»:

— «Կախարդը նրա մոտ է, — պատասխանում էին մյուսները:

— «Ի՞նչ կարող է անել կախարդն այդքան դևերին, լսի՛ր, Հուրի, ի՛նչ շատ են նրանք:

— «Կախարդը կարողություն ունի հալածել բոլորին:

— «Խե՛ղճ Զեյնաբ-խանում, ի՛նչպես չէ տրաքում նրա սիրտը:

— «Ես այստեղ դողում եմ...-կրկնեց մի սնաչյա հարեմ:

— «Ձայները լռեցին, — խոսեց Հուրին:

Այդպես խոսում էին միմյանց մեջ հարեմները: Իսկ Զեյնաբ-խանումի սենյակում «կախարդն» յուր դյութական գործողության մեջն էր...

Գիշերն աննկատելի կերպով անցավ: Արշալույսը սկսել էր շառագունիլ, երբ «կախարդը» հեռացավ ամրոցից, առանց ոչ ոքին տեսանելի լինելու:

Սայիդը և Մարջանն, որոնք ամբողջ գիշերն անքուն էին մնացած, նոր գնացին հանգստանալու:

Ժ

Արեգակը բավականին բարձրացել էր հորիզոնի վրա: Վաղորդյան զեփյուռը փչում էր ջերմ — կուսական շնչով և ծառերի տերևները թրթռում էին, գրկախառնվում էին և պաչպչվում էին միմյանց հետ:

Մարջանը միայնակ դուրս եկավ յուր սենյակից, մոտեցավ ջրի ավազանին և լվացվում էր: Նույն ժամուն ծերունի Հեյդարը կատվի նման պտտում էր հարեմխանայի ամեն ծակումուտքը: Նա անցավ խափշիկի մոտից:

— Ի՞նչպես է քո խանումի քեփը, — հարցրուց Մարջանից:

— Հիմա մի քիչ լավ է: Երևում է, դևերը հեռանալու վրա են:

— Հրամայո՞ւմ է արդյոք խանումը բաղնիքի պատրաստություն տեսնել, այսօր ջումա է:

— Ո՛չ բարի Հեյդար, իմ խանումը չէ կարող յուր սենյակից դուրս գալ:

— Ինչո՞ւ, — հարցրուց ներքինապետը, աչքերը լայն բացելով:

— Կախարդը հրամայեց նրան քառասուն օր չիլա մտնել:

— Ղ՞որդ:

— Այո՛, քառասուն օր նա փակված կմնա յուր սենյակում և արևի երեսը չի տեսնի: Աղամորդու հետ պիտի չխոսի և ոչ ոքին յուր մոտ չընդունի:

— Այդ շատ ծանր բան է, — ասաց ներքինապետը զարմանալով: — Այդ կատարյալ ճգնություն է:

— Այդ քառասուն օրումը, — առաջ տարավ խափշիկը, — իմ խանումն յոթն անգամ դորանը պետք է ծայրեիծայր կարդա և ամեն օր յոթն անղամ նամազ պետք է անի և միայն աղուհաց պիտի ուտի:

— Կախարդը դարձյալ կգա՞:

— Շաբաթը մի անգամ: Նա դեռ այստեղ է:

— Թո՛ղ աստված ողորմություն անի Զեյնաբ-խանումին ի սեր մեծ մարգարեին, — բարեմաղթեց ներքինապետը և մտավ մի այլ բակ:

Մարջանը դարձավ յուր տիկնոջ սենյակը, գտավ նրան բոլորովին չհանված պառկեք էր յուր մահճի վրա: Նա սովորական ողջույնը տալուց հետո, հարցրուց.

— Իմ տիկինը երևի ամեննին չքնեց:

— Ոչ «նրա» գնալուց հետոո քունս չտարավ:

— Ի՞նչի: Իմ տիկնոջ սրտիկը կարծեմ այժմ գո՞հ է:

— «Զափազանց ուրախությունը նույնպես անհանգիստ է անում մարդուն, որպես տրտմությունը»: Գիտե՞ս այդ առածը:

— Այդ իրավ է, — պատասխանեց խափշիկը և պատմեց բոլորն, ինչ որ խոսացել էր քանի րոպե առաջ ներքինապետի հետ չիլայի մասին:

Տիկնոջ գիշերվա անքնությունից նվաղած աչքերը կրկին զվարթացան նոր հույսերով:

— Սատանան ինքը չէր կարող մտածել այդ, Մարջան, դու կատարյալ մարգարեուհի ես:

Աղախնին այդ փաղաքշող խոսքերը խիստ ուրախություն պատճառեցին: Իսկ տիկինը փոխեց յուր խոսքը հարցնելով.

— Քերիմ-բեկը քեզ ցույց տվեց մի տուն, այնպես չէ՞, Մարջան:

— Հրամեր եք, Սալոմեի տունը:

— Դու լավ հիշո՞ւմ ես այն տունը:

— Աչքերս խփած կարող եմ գտնել:

— Շատ լավ, — հառաչ տարավ Զեյնաբ-խանումը: — Ինձ կարո՞ղ ես այսօր այնտեղ տանել, որ ամրոցում ոչ ոք չիմանա:

Խափշիկը փոքր-ինչ մտածելուց հետո պատասխանեց.

— Կարող եմ:

— Ի՞նչպես:

— Շատ հեշտ կերպով: Ամրոցում ոչ ոք չգիտե, թե կախարդը հեռացել է: Ես առավոտյան ներքինապետին ասեցի, թե դեռ այստեղ է: Դուք կհագնեք կախարդի շորերը և այնպես դուրս կերթանք:

— Մի՞թե նա շորերը այստեղ թողեց:

— Եվ հարկավորություն չկար «նրան» կախարդի շորերը հագնելու: «Նա» գնաց լուսաբացից կես ժամ առաջ: Ամենքը քնած էին: Ես «նրան» դուրս տարա հարեմխանայի հետքի դռնով բաղնիքների բակը. դռնապանը մեռելի նման ընկած էր. ինքս դուռը բաց արի, «նա» հեռացավ: Դրանից հետո «կախարդի» դերը կկատարեք դուք:

— Որպե՞ս:

— Երևակայալ Զեյնաբխանումը, չ ի լ ա մտած՝ մինչև քառասուն օր փակված կմնա յուր սենյակումն, իսկ տիկինն որպես կախարդ գնալ և գալ կունենա նրա մոտ:

— Հասկանում եմ... Մարջան, այդ գեղեցիկ միտք է:

— Եթե իմ տիկինը հավան է այդ մտքին, — կրկնեց Մարջանը, — կարող ենք կատարել իսկույն:

— Իսկ դու, Մարջան, կարծում ես կասկածելու այստեղ ոչի՞նչ չկա, — հարցրուց Զեյնար-խանումը երկբայությամբ:

— Ամենևին: Իշխանը մի շաբաթով որսի է գնացած, կարելի է ավելի տևե: Հարեմներից ամեն մինը ձեզ նման մի «սրտացավ» ունի... նրանք յուրյանց զվարճությունների ետևից են ընկած: Իսկ ներքինապետն անդադար աղոթք է կարդում, որովհետև վախենում է ամրոցում գոյացած դևերն յուրյան չխեղդեն:

Զեյնաբ-խանումը բոլորովին համոզվեցավ խափշիկի խոսքերից: Նա հարցրուց. — ես կարող եմ մի քանի օր մնալ Սալոմեի տանը: Այդպես չէ՞, Մարջան:

— Իմ տիկինը մինչև քառասուն օր ազատ է:

— Ուրեմն դու կարգադրե Սայիդի հետ, որ նա հարկավոր զգուշությունները գործի դնե մինչև քո վերադառնալը:

— Բայց պետք է առաջ հագցնել ձեզ:

— Այդ ուղիղ է:

Աղախինը սկսավ կախարդի հագուստով զգեստավորել յուր տիկնոջը: Քանի րոպեից հետո Զեյնաբ-խանումը նայեց յուր վրա և ասաց.

— Բաղդադի կախարդներն երբեք չեն ունեցել մի այդպիսի կերպարանք...

— Եվ ոչ Սուլեյմանն յուր բոլոր զորությամբ... — Կցեց խափշիկը:

Մարջանը դուրս գնաց նախասենյակը Սայիդին

հարկավորված պատվերները տալու: Նախ և առաջ համառոտ կերպով պատմեց յուր առավոտյան խոսակցությունը ներքինապետի հետ: Հետո հայտնեց յուր նոր կարգադրությունը Զեյնաբ-խանումի մասին:

— Հիմա ականջ դի՛ր, Սայիդ:

— Սայիդի ականջները քո խոնարհ ծառաներն են, — պատասխանեց եթովպացին:

— Այդ նախասենյակումը կանգնած կմնաս որպես քարե արձան:

— Կանգնեցա, — պատասխանեց Սայիդը և ձգվեց փայտի պես:

— Թո՛ղ հանաքը: Լսի՛ր, ոչ ոքին չես թողնի խանումիդ սենյակը մտնի:

— Ճանճն էլ չի համարձակվի մտնել:

— Շատ լավ: Ես այս րոպեիս տանում եմ «կախարդին» ճանապարհ դնելու: Մի՛ մոռացիր, որ նրա չարսավի տակ ծածկված է մեր տիրուհին:

— Հասկանում եմ...: Հետո՞:

— Ես կվերադառնամ կես ժամից հետո:

— Այդ գեղեցիկ բան է: Կնշանակե դու և ես կլինենք այդ փառավոր դահլիճի տերը և տիրուհին:

Խափշիկը ժպտեցավ:

— Որչափ կամենում ես ուրախացիր, Սայիդ: Խանումը մի քանի օրով բացակա կլինի ամրոցից:

— Իսկ առայժմ ավելորդ չէր լինի մի բան:

— Ի՞նչ բան:

— Իմ սիրուհին մի թեթև վարձատրություն աներ այդ բոլոր հրամանների փոխարեն:

Մարջանը մոտեցրեց Սայիդի շրթունքին յուր կոկ, շագանակի կեղևի գունով թշերը:

Քանի րոպեից հետո երկու դիմակավորված կանայք, ծածկված չարսավներով, դուրս գնացին ամրոցից:

— Կախա՛րդը... — լսելի եղան մի քանի ձայներ, — գնում է Մարջանի հետ:

ԺԱ

Քաղաքի խուլ և խեղդված թաղերից մեկի անկյունում կեցած էր մենավոր տուն, որ ագռավի բույնի նման տխրությամբ նայում էր խոր խրամատի վրա, որով շրջապատած էր ամբողջ քաղաքը: Գիշերվա մթության մեջ ոչ ոք չէ համարձակվի մոտենալ այդ փոքրիկ տնակին, որն արտաքուստ թեև կրում էր ողորմելի կերպարանք, այսուամենայնիվ միշտ սարսափ էր ձգում յուր շրջակայքի վրա:

Այդ տնակն ոչ սակավ անգամ եղած էր տեսարան զարհուրելի չարագործությունների...

Նա բաղկացած էր մի քանի սենյակներից, որոնք ոլոր-մոլոր մուտքերով բացվում էին միմյանց մեջ: Այդ սենյակներից մեկի մեջ միայնակ նստած էր մանկահասակ կին: Նեղ բակի չինարի ծառերին փաթաթված խաղողենիները հովանավորում էին նրա լուսամուտները նույն ժամուն արևի այրող ճառագայթներից:

Կինը տխուր-հուսահատական ձայնով նանիկ էր կարդում յուր մանուկին, որը, մոր կրծքին կպած, անհագ կերպով ծծում էր յուր սնունդը նրա ստինքից, և երբեմն ժպտելով յուր լուսափայլ աչքերը դարձնում էր մոր երեսին, կարծես նրանցով աշխատում էր ցույց տալ, թե նա արդեն գո՛հ էր յուր վիճակից: Բայց ո՛րքան հույս և կյանք էր տեսնում այն պարզ և անմեղ աչիկներում քնքուշ մայրը...

Այդ կինն յուր միջին հասակումն էր՝ լղարիկ և ցամաք կազմվածքով: Բայց նրա վշտահար դեմքը կրում էր յուր վրա տխրության բոլոր գծերը: Նրա նշաձև սևորակ աչքերը՝ խիտ թերթերունքներով, որոնց մեջ կար այնքան կյանք և կիրք, նվաղած էին: Երևում էր, որ նրանք շատ անգամ վկա էին եղել ցավալի տեսարանների, և արտասուքը խիստ հազիվ ցամաքել էր նրանց միջից...

Դռան թխկոցը խլեց մոր ուշադրությունը յուր սիրելի մանուկից: Նա դրեց տղան օրորոցի մեջ: Երեխայի փոքրիկ մատիկները սկսան զբաղվել յուր օթյակի դաստակից քարշ ընկած խաղալիքների հետ: Մայրը վազեց դեպի դուռը: Աստված տար, որ «նա »լիներ, ասաց յուր մտքի մեջ:

— Ո՞վ եք, — հարցրուց ներսից:

— Աստծո հյուրեր, — լսելի եղավ դրսից:

Դուռը բացվեցավ: Տանտիրուհու առջև հայտնվեցան երկու դիմակավորված կանայք: Նրանցից մեկի արտաքին օտարոտի կերպարանքն յուր վրա դարձրուց նրա ուշադրությունը: Նա նմանում էր բոշա մուրացկանի, որ կարծես եկել է մի բան խնդրելու: Այդ միտքն առիթ տվեց տանտիկնոջը հանել յուր զրպանից մի քանի սև փող, որն առաջարկելով բոշային, ասաց.

— Ա՛ռ այդ արծաթը, ավելին աստված տա:

— Մենք չենք եկել ողորմություն խնդրելու, — ասաց բոշային նմանող կինը. միայն թե կարելի է մի քանի րոպե մեզ հանգստություն շնորհեցեք ձեր տան ծածկի տակ, մինչև տոթը կանցներ,մենք հեռու ճանապարհից ենք գալիս:

— Հրամեցեք, — ասաց տանտիկինը, ներս հրավիրելով:

Հյուրերը ներս մտան: Դուռը կրկին կողպվեցավ: Նրանք անցան սենյակը, բայց եկվորներից և ոչ մինը տակավին չէր բարձրացրել երեսից դիմակը:

— Այստեղ դուք մինակ ե՞ք, — հարցրուց բոշային նմանող կինը:

— Այստեղ ես եմ և իմ տղան, իսկ մյուս սենյակում պառկած է մի հիվանդ:

— Մի հիվա՞նդ, — կրկնեց եկվորը: Նա արգելք չէ՞ կարող լինել մեզ:

— Նա վիրավորված է, շարժվել անգամ անկարելի է նրան: Եկվորները բարձրացրին դիմակները: Երկու պատկեր, մինը՝ գեղեցիկ որպես բոլորված լուսնյակ, մյուսը՝ սևուկ բոված դահիվեի գունով, երևան եղան տանտիկնոջ աչքին: Նրա հիացմունքն ավելի սաստկացավ, երբ նրանք ձգեցին յուրյանց հնոտի չարսավները: Գեղեցիկ կինը զուգված էր բոլոր այն շքեղություններով, որով արևելքը գիտե զարդարել յուր սիրո առարկաները:

Րոպեական ապշությունից հետո, շփոթված տանտիկինը՝ գեղեցկուհու վրա ընկավ, գրկեց նրան, «Ալմաստ» անունը թռավ նրա բերնից, և թուլացած, անմռունչ մնաց յուր հյուրի կուրծքի վրա...:

Դա Զեյնաբ-խանումն էր, իսկ նրա ընկերուհին՝ Մարջանը:

— Դու ճանաչեցիր ինձ, Սալոմե, — ասաց նա, չթողնելով յուր վաղեմի բարեկամին գրկիցը:

— Իմ աչքերը պետք է կույր լինեին, որ չճանաչեին քեզ, Ալմաստ: Ա՜խ, աստված, ի՜նչպես մենք կրկին տեսանք մեկ-մեկու:

Երկար երկու ընկերուհիներն, որպես մի զույգ հարազատ քույրեր, չէին դադարում միմյանց գրկելուց, միմյանց համբուրելուց և մեկ՝մեկու վրա նայելուց: Ուրախության բորբոքումը թաց արեց երկուսի էլ աչքերը արտասուքով:

Մարջանը լռությամբ նայում էր այդ հոգեշարժ տեսարանին: Երբ նրանք բաժանվեցան, նա մոտեցավ յուր տիկնոջը, հարցնելով.

— Ձեր աղախինն այժմ կարո՞ղ է գնալ:

— Գնա՛, Մարջան, — պատասխանեց Զեյնաբ-խանումը, — անցի՛ր «նրա» մոտ, ասա՛, որ ես այստեղ եմ: Հետո ամրոցը կերթաս, այնտեղ քո գործը դու ինքդ լավ ես իմանում...

Խափշիկը գլուխ տալով կամենում էր հեռանալ, երբ Սալոմեն հարցրուց.

— Դա քո աղախի՞նն է, Մարջա՛ն ի՛նչ գեղեցիկ անուն է:

— Իմ հավատարիմն է, ճանաչի՛ր, Սալոմե, այսուհետև դրա հետ գործ շատ կունենաս:

— Եկ համբուրեմ քեզ, դու իմ ընկերուհուս բարեկամն ես, — ասաց Սալոմեն գրկելով Մարջանին: — Թո՛ղ չգնա այդպես շուտ, — դարձավ նա դեպի Զեյնաբ-խանումը, — մի փոքր սառը միրգ ուտե, սիրտը հովացնե, արեգակն այրում է դրսումը:

— Կուշանա, Սալոմե, — պատասխանեց աղախնի տիրուհին:

— Թող խմե գոնյա մի փոքր ցուրտ շերբեթ:

Սալոմեն դուրս եկավ սենյակից, քանի րոպեից հետո նա դարձավ մի մեծ գավաթ ձեռքին, որ լիքն էր շաքարով և նարնջի ջրով շինած ըմպելիքով: Գավաթի մակերևույթի վրա լող էր տալիս մի կտոր սառույց:

Խափշիկը ծծեց գավաթը մինչև հատակը և շնորհակալություն անելով հեռացավ:

— Հիմա նստենք, իմ սիրեկան, — դարձավ Սալոմեն դեպի յուր հյուրը: — Նստենք ու խոսենք: Ա՜խ, ի՜նչքան խոսելու բաներ ունենք...

— Շա՜տ... որքան ասես, շա՜տ... — պատասխանեց Զեյնաբ-խանումը տխրալի ձայնով: Բայց միևնույն րոպեին նրա աչքն ընկավ օրորոցին: — Այդ քո երեխա՞ն է, ի՜նչ սիրուն երեխա է, շատ նման է քեզ, Սալոմե:

Եվ նա մոտեցավ, սկսավ համբուրել տղեկի լիքը թշերը:

— Դու դեռ երեխա չունե՞ս, Ալմաստ:

— Չունեմ, Սալոմե, և չէի ցանկանա ունենալ:

— Ինչո՞ւ:

— Մենք ախա՜ր քրիստոնյա ենք, Սալոմե, բայց մեր որդիքն այստեղ պարսիկներ կծնվեին:

— Այդ ուղիղ է, իմ սիրեկան, — պատասխանեց Սալոմեն հոգոց հանելով: — Դե՜ նստի՜ր, Ալմաստ, ինչո՞ւ չես նստում, դու ինձ անհանգիստ ես երևում:

— Ես սպասում եմ Քերիմ-բեկին:

— Ինչո՞ւ չես ասում Մեխակին: Միթե նա գալո՞ւ է այստեղ:

— Գալու է: Մարջանը գնաց նրան իմացում տա:

Երկու վաղեմի ընկերուհիները նստեցին միմյանց մոտ մի խալիչայի վրա, որ փռած էր լուսամուտի հանդեպ, որ բացված էր դեպի կանաչազարդ բակը:

— Դու ի՞նչպես գտար Մեխակին, Ալմաստ ջան, — հարցրուց Սալոմեն, — ա՛խ, ես որքան ուրախ եմ, որ դուք էլի ռաստ եկաք մեկ-մեկու:

— Նա ինձ գտավ, Սալոմե ջան, — պատասխանեց Զեյնաբ-խանումը:

Եվ տիկինը պատմեց՝ ամառանոցի այգու դեպքից սկսած մինչև «կախարդի» երևալն ամրոցում: Մարջանի այդ խորամանկությունը մինչև այն աստիճան շարժեց Սալոմեի ծիծաղն, որ նրա աչքերը բոլորովին թաց եղան արտասուքով:

— Էդ լա՛վ բան եք սարքի... — ընդհատեց նա յուր ընկերուհու պատմությունը:

— Ի՛նչ անենք, Սալոմե ջան, «կատվի բերանն երբ մսին չէ հասնում, սկսում է զողություն աներ» :

— Էդ լա՛վ է, շատ լա՛վ եք մոգոնի… — կրկնեց Սալոմեն, չդադարելով ծիծաղելուց: — Ա՛խ, ես մոռացա քեզ համար ղեյլան պատրաստել, — խոսքը փոխեց նա վեր թռչելով նստած տեղիցը:

— Նա անցավ նախասենյակը:

«Խե՛ղճ Սալոմե, ասաց Զեյնաբ-խանումն յուր մտքի մեջ, ո՛րքան փոխվել է նա... ո՛րքան մաշվել է նա»:

Սալոմեն ներս բերավ զեյլանը, տվեց յուր հյուրին: Նրանք սկսեցին ծխեր

— Հիմա էս ղեյլանով ու էս շորերով, Ալմաստ ջան, ես ու դու Թիֆլիսում նստած ըլեինք ձեր դռանը՝ Տափի-թաղում, ա՛խ, ի՛նչքան կծիծաղեին մեր թաղի աղջիկները:

— Էլ չենք տեսնի ո՛չ Թիֆլիսը և ոչ Սոլոլակը, Սալոմե ջան...: Մի՞տդ է գալիս, որ կիրակիները գնում էինք խեվումը բուրթի (գնդակ) էիսք խաղում: Ո՞ւր է էն օրերը...: Կեկելի աղջիկը՝ Սոփոն, հիշո՞ւմ ես, Սալոմե, ի՛նչ լավ էր խաղում էն ծամ կտրածը:

Հայրենիքի հիշողությունները ցավալի տպավորություն ունեցան երկու գերիների վրա ևս: Եվ նրանք երկուսն էլ չկարողացան զսպել յուրյանց արտասուքը:

— Իմ մասին բոլորը լսած կլինես Քերիմ-բեկից, պատմիր, Սալոմե ջան, դու ի՛նչպես ընկար այստեղ:

— Լավ է, որ չիմանաս, Ալմաստ ջան:

— Չէ՞ քո հուզուն մատաղ, ես ուզում եմ գիտենալ:

— Սալոմեն սկսեց պատմել:

— Երբ Մահմադ-խանի սարվազները լցվածն մեր քաղաքը, հերս տանը չէր, նա գնացել էր Կախեթ՝ զինի բերելու: Տան մեջ մնացել էինք ես, մերս, մեկ էլ իմ աղբեր Սոսիկոն: Միտդ գալի՞ս է, Ալմաստ, էն պստիկ երեխեն, որ ջեր ծիծ էր ծծում: Հանկարծ ողջ քաղաքը ծուխի մեջ կորավ, լաց ու շիվանը բարձրացավ և ամեն կողմից խաբար դուրս եկավ, թե քաղաքը թալանում են, աղջիկները ու ջեհիլ տղերքը գերի են տանում: Մայրս ինձ թաքցրուց մեր սարդափումն ու ինքը նստավ դռանը: Մեկ էլ տեսանք երկու պարսիկ մտան մեր բակը: Մորս լեզուն կապվեցավ: Նրանք սկսան մեր տունը կողոպտել, ինչ լավ բան որ գտան՝ արծաթեղեն, պղնձեղեն՝ ամենը լցրին իրանց խուրջիններում: Հետո մորս սկսեցին տանջել, թե պահած փող կունենա, հանե տա: Խեղճ մայրս աղաչում էր, լաց էր լինում, բոլոր սուրբերի անունով երդում էր ուտում, թե փող չունի: Նրանք չէին հավատում: Հետո Սոսիկոյին խլեցին մորս գրկիցը: «Տես, էդ երեխիդ կմորթենք, թե փողերի տեղը ցույց չտաս»: Մերս էլի սկսեց աղաչել, որ երեխին ձեռք չտան: «Աստված է վկա, ասում էր, մենք աղքատ ենք, փող չունենք»: — «Դու խաբում ես, անզգամ, գոռաց մինը, տե՛ս»: Ու էդ խոսքի հետ Սոսիկոյին զարկեց գետինը: Խեղճ երեխի գլուխը դիպավ քարին, մի ծպտուն էլ չհանեց, հոգին տվավ: Մայրս հենց էս որ տեսավ, ուշքից գնաց, վեր ընկավ: Անողորմները տեսան նրա մատների մատանիներն, ուզեցին հանել, բայց դժվար էին դուրս գալիս: Նրանցից մինը խանչարը հանեց և մատները կտրեց: Ա՛խ, ինչպիսի սարսափով էդ բոլորը տեսնում էի ես սարդավի պատուհանիցը... Զեյնաբ-խանումը խորին տխրությամբ լսում էր այդ բոլորը, սրտի կրակիցը կարծես ցամաքել էին աչքերի արտասուքը:

Սալոմեի պատմությունը հիշեցնում էր նրան այն անբախտ դեպքն, որին ինքն էլ վիճակակից էր: Նա ընդհատեց նրա խոսքը, հարցնելով.

— Բա՜, դու ի՞նչպես ընկար նրանց ձեռքում:

— Հետո նրանց աչքն ընկավ սարդափի դռանը: «Էստեղ մի բան կըլնի թաքցրած», ասացին մեկ-մեկու: Սարդափի դուռը կոտրելն ու ներս մտնելն մեկ րոպեի գործ եղավ: «Ա՜յ, դանջըղ, տես ո՛րտեղ է մտել», ասացին ու ինձ դուրս քաշեցին: Ես ոչինչ չհասկացա, թե ինչ պատահեց ինձ հետ, ո՛ւր տարան ինձ, բայց հենց որ ուշքի եկա, տեսա, որ ես կապված եմ մի էշի վրա և գտնվում եմ գերիների ահագին քարավանի մեջ: Հիմա էլ մարմինս սարսռում է, մազերս փուշ-փուշ են դառնում, երբ միտս եմ բերում էն ցավալի րոպեն: Ես տեսա, սիրուն աղջիկներն ու տղերքը, որ ղոշունի (զորքի) ստիճանավորներին էին պատկանում, կապված էին ուղտերի և ձիաների վրա, բայց հասարակ սարվազների գերիները բոբլիկ ոտքով, ամեն մի զինվոր թոկը նրանց թևքերիցը կապած, քարշ էր տալիս յուր ետևից: Բայց իրանց չորքոտանիների վրա նրանք բարձել էին այն թալանը, որ կողոպտել էին մեր քաղաքից: Գերիների լացը, սուգը, նրանց ողորմելի աղաղակը, սարվազների անգութ շալլախի (մտրակի) ձայնն, այդ բոլորը խառնվում էին գրաստների հարա-հրոցի հետ:

— Բայց ի՞նչպես ես չտեսա քեզ, Սալոմե:

— Դու շատ բան չտեսար, սիրելի Ալմաստ, դու բախտավոր էիր մեզանից: Քեզ տանում էին մի ջորու վրա կապած քաջաֆեի (պատգարակի) մեջ: Որովհետև դու զնդապետի գերին էիր:

— Մին էլ մենք անցանք հետևակ զորքից մի քանի օրով առաջ:

— Էդպես է, իմ սիրեկան, — հառաջ տարավ Սալոմեն յուր պատմությունը: — Երբ գիշերը վրա հասավ (էդ առաջին գիշերն էր, որ մենք դուրս էինք եկել քաղաքից), ղոշունը իջևանեց մեկ նեղ դաշտի մեջ, որ մոտ էր Քռի ափին ու մեկ կողմը սարեր կային: Ի՛նչ սարսափելի գիշեր էր այն...: Երբ մութը պատեց, երբ զինվորների կրակները վառվեցան, ամեն ձորի միջից, ամեն քարի տակից, ամեն թուփի միջից լսվում էին ողորմելի ձայներ: Դրանք անմեղ կույսերի մրմունջներն էին, որոնց անողորմ գազանները բաժանում էին իրանց մեջ: Հերթը հասավ ինձ: Դու հիշո՞ւմ ես, Ալմաստ, որ ես ասեցի, թե ինձ զերի անողներն երկու հոգի էին, նրանց մեջ վեճ բացվեցավ իմ մասին ու վճռեցին իմ վրա վիճակ ձգել: Վիճակը դուրս եկավ նրան, որ սպանեց Սոսիկոյին ու մորս մատները կտրեց: Ա՛խ, որքան ատում էի ես այդ գազանին: Բայց էն մյուսն, որ ավելի բարեսիրտ էր երևում, չբավականացավ վիճակով: Նրանց մեջ սկսվեց կռիվը: Խենջարները շողացին, իմ ատելին գլորվեցավ գետին: Ես մնացի զոհ մեկելին: Դա իմ այժմյան ամուսինն է, սիրելի Ալմաստ:

— Քո այժմյան ամուսի՞նը, — կրկնեց Զեյնաբ-խանումը շփոթվելով:

— Այո՛, — պատասխանեց Սալոմեն տխուր ձայնով:

— Ի՞նչով է պարապվում:

— Նա ավազակ է:

Զեյնաբ-խանումր սոսկաց, նրա ամբողջ մարմնի մեջ դող ընկավ:

— Ավազա՛կ...անբա՛խտ Սալոմե, ուրեմն դու ավազակի կի՞ն ես, և ես այս րոպեիս ավազակի՞ տան մեջն եմ...

Սալոմեն սկսեց հանգստացնել նրան ասելով.

— Մի՛ վախիր, Ալմաստ ջան, այդ տնակն, ոի միշտ վառոդի հոտ է փչում, ավելի ապահով է քան մեծ մուշտեհիդի ապարանքը, որ միշտ ղորանի ձայնն է լսվում:

— Բայց դու ասացիր նա ավազակ է:

— Այո, ավազակ է: Նա սպանում է, կողոպտում է, նա այս րոպեիս էլ գնացել է յուր որսն որսալու: Բայց երբեք նա աղքատի հացը չէ խլել և խեղճի աչքերից արտասուք չէ քամել:

Եվ դու սիրո՞ւմ ես նրան:

— Սիրում եմ, Ալմաստ ջան, որովհետև նա իմ աչքի առջև մորթեց այն գազանին, որ սպանեց իմ եղբայրը և կտրեց մորս մատները:

Զեյնաբ-խանումը տակավին մտատանջության մեջ էր: Նա երևակայել անգամ չէր կարողանում, թե մի ավազակ կարող էր լավ հատկություններ ունենալ: Իսկ Սալոմեն բոլորովին դուրս բերավ նրան այդ երկբայությունից:

— Նա յուրյան ապաստանած կնկան քույր է կոչում, Ալմաստ ջան, իսկ յուր ձեռքը բռնող թշնամուն — եղբայր: Նա յուր սուրը և ձեռքը չէ խնայում օգնել նրանց, ովքեր ապավինում են նրան:

Այդ խոսքերի միջոցին մերձակա սենյակից լսելի եղավ. — «ջո՛ւր, այրվում եմ»...

— Խեղճը ծարավ է, — ասաց Սալոմեն և վազեց դուրս: Երբ նա դարձավ, Զեյնաբ-խանումը հարցրուց.

— Ո՞վ է նա:

— Ամուսնիս ընկերներից մինն, ողորմելին սաստիկ վերք է ստացած գլխից և կուրծքից:

Դռան ձայն լսվեց: Սալոմեն գնաց բաց արավ: Հայտնվեցավ Քերիմ-բեկը:

ԺԲ

Նույն ավուր երեկոյան պահուն, երբ արեգակը տակավին յուր վերջին ճառագայթները խաղացնում էր Դեմավենդի գագաթի վրա, Շահ-Աբդուլաիզմի դերվազեից ներս մտան մի խումբ հրացաններով և նիզակներով զինվորված ձիավորներ: Լղարիկ բարակները, լայնականջյա զամփռները, փոքրիկ կատվանման թուլաները, հոգնած լեզուները քարշ գցած, վազ էին տալիս նրանց առջև: Բազեները, որոնք անհոգ կերպով նստած էին ձիավորների ձեռքի վրա, ցույց էին տալիս, թե այդ հեծելախումբը դառնում էր որսորդությունից: Եվ իրավի, զանազան թռչուններով լիքը արյունոտ տոպրակները և մի եղջերու, որ բռնած էր ջորու վրա, հաստատում էր այդ կարծիքը: Փոշին թանձր սյուներով բարձրանում էր այն փողոցներից, որտեղից անցնում էին նրանք: Նստած մարդիկը կանգնում էին և նրանց գլուխ էին տալիս: Անցորդը հետ էր քաշվում, կանգնեցնում էր յուր գրաստը և ճանապարհ էր բաց անում, իսկ կանայքը թաքնվում էին անկյուններում:

Դա Զեյնաբ-խանումի ամուսինն էր յուր ծառաներով: Նա մի մարդ էր մոտ հիսուն տարեկան, հաստլիկ, հինայով ներկած երկայն մորուքով և ահեղ կերպարանքով: Իշխանը բռնած էր նույն ժամանակ շահի դռանը մի մեծ պաշտոնակալի տեղ:

Նա հասավ յուր ամրոցն, երբ ճրագները վառվել էին արդեն, իսկույն վայր իջավ ձիուց և սանձը հանձնեց դռան պահապաններից մինին, որոնք խումբով վազեցին նրա առջև: Նրա նժույգը պատած էր սապոնի նման փրփրած քրտինքի մեջ, սկսան ման ածել նրան մինչև հովանա: Իշխանը ներս մտավ յուր դիվանխանան: Մանկահասակ պատանյակներն, անմազ թշերով, պատեցին նրա շուրջը, մինը սկսավ յուր տիրոջ կոշիկները դուրս քաշել, մյուսը նրա զենքերն էր արձակում, երրորդը լագան — աֆտաֆ են դրավ նրա առջև, որ լվացվի: Երբ նա մաքրեց յուրյան ճանապարհի փոշուց, իսկույն մատուցին վարդաջուր, նա սրսկեց յուր փառավոր մորուքը, օծվեցավ և անուշահոտվեցավ: Նույն րոպեին պատրաստ էր նրա առջև ոսկյա գլխով զարդարած ղելյանը, որից սառը ջուրը կաթկթում էր:

Այնուհետև մինը մյուսի ետևից ներկայացան իշխանի դրանիկները՝ նրա ֆերաշբ աշին, նազիրը, միրախոռը, նայիբը և այլն: Նրանց ամենի մինի դեմքի վրա նկարված էր երկյուղ և ստրկական խոնարհություն: Նրանք, խորին կերպով գլուխ խոնարհեցնելով, երկրպագություն էին տալիս և ամեն մինը զեկուցում էր անում յուր գործավարության մասին իշխանի բացակայության ժամանակ: Իշխանը մի քանիսին գովեց, մի քանիսին բարկացավ և հայհոյեց ու այնպես արձակեց բոլորին:

Ամենից վերջը հայտնվեցավ ծերունի ներքինապետը, երբ նրա տերը միայնակ ծխում էր:

— Ի՞նչ ունես ասելու, Հեյդար, — դարձավ դեպի նա իշխանը: Ծերունին կրկնեց երկրպագությունը, պատասխանելով.

— Թո՛ղ ողջ լինի իմ տերը և աստված նրան երկար կյանք պարգևե, թող նրա փառքն արեգակից վերև բարձրանա:

— Ի՞նչպես է իմ հարեմխանան:

— Ձեր աղախինները բոլորն առողջ են և աղոթարար յուրյանց տիրոջ թանկագին կենաց համար:

Իշխանն ընդունեց ինքնաբավական կերպարանք, բայց Հեյդարի դեմքի վրա նկատում էր նա կասկածավոր մի երևույթ, որը ձերունին աշխատում էր թաքցնել:

— Առանձին ոչի՛նչ չէ՞ պատահել, — հարցրուց նա:

Ձեր մեծության հովանավորության շնորհին, երբ յուր աղախիններից պակասում է, անկարելի է, որ մի չարիք չհանդիպե, տե՛ր իմ:

Իշխանի դեմքն այլայլվեցավ:

— Ի՞նչ կա, շուտ ասա՛, ծերուկ, — կոչեց նա մի փոքր բարկացոտ ձայնով:

Ներքինապետն, որ բոլոր մարմնով դողում էր և հազիվ էր կարողանում յուրյան ոտքի վրա պահել, ասաց.

— Հարեմներից մինը տանջվում է ջիններից:

— Հանուն գթած և ողորմած ալլահի...: Նզո՛վք շեյթանին... — բացականչեց իշխանը սարսափելով: — Այդ ո՞րն է, — անհամբերությամբ հարցրուց նա:

— Գուրջիստանցի խանումը, տեր իմ:

— Զեյնաբը: Նրա տե՛ղն է..պատասխանեց իշխանը լի բարկությամբ: — Այդ կամակոր գյավուրի աղջիկը մի անգամ ևս յուր կյանքումն նամազ չէ արել: Նրա տե՛ղն է, թո՛ղ այժմ յուր անհավատության վարձը ստանա... թո՛ղ ջինները տանջեն նրան...

— Ձեր ծառան հրավիրեց մի պառավ կին, տեր իմ, — հառաջ տարավ ծերունին երկչոտ ձայնով: — Նա զորավոր կախարդներից մինն է, նա իշխում է ոգիների վրա: Կախարդը մեծ մասամբ հալածեց ջիններին, այժմ խանում ը փոքր-ինչ հանգիստ է:

Իշխանի վրդովմունքը մի փոքր հանդարտեց:

— Գնա՛, Հեյդար, դու ասա Զեյնաբին ես ուզում եմ նրան տեսնել, — հրամայեց նա:

— Դժբախտաբար ձեր աղախինը չէ կարող վայելել յուր տիրոջ մի այդպիսի շնորհը:

— Ինչո՞ւ:

— Կախարդը հրամայել է նրան յուր սենյակումը փակված մնալ, մինչև քառասուն օր չիլ ա մտնել և աղամրրդու երեսը չտեսնել: Այդ քառասուն օրումը խանումն յոթն անգամ դորանը պետք է ծայրեիծայր կարդա և ամեն օր յոթն անգամ նամազանե, մինչև չար ոգիները բոլորովին հեռանան նրանից:

— Ուրեմն ես չե՞մ կարող տեսնել նրան:

— Վտանգավոր է մտնել նրա մոտ, տե՛ր իմ:

Սույն միջոցին Զեյնաբ-խանումի բակից լսելի եղան զանազան սարսափելի ձայներ:

— Լսեցեք, տեր իմ, լսեցե՛ք, ահա ջինները սկսեցին յուրյանց դիվական հարսանիքը:

Իշխանի երեսի գույնը թռավ: Նա յուր մատներով սկսեց անհանգիստ կերպով յուր «տերողորմյայի» հատիկները դարձնել և ալլահի ու մարգարեի անունները կարդալ:

Ձայները լռեցին, միայն երբեմն լսելի էր լինում սուր — ձգական ճլվլոց:

Նույն ժամուն մանկահասակ սպասավորներից մինն իմացում տվավ, թե մի քանի խաներ և բեկեր ուզում էին ներկայանալ: Իշխանը հրամայեց, որ գան:

— Դու կարող ես գնալ, Հեյդար, — դարձավ նա դեպի ծերունին, — միայն Բազիմ-խանումին հայտնիր, որ այս գիշեր նրա մոտ կլինեմ:

Ներքինապետը կրկին երկար կյանք և առողջություն բարեմաղթեց յուր տիրոջը և գլուխ տալով հեռացավ: Իշխանի դահլիճը մտան խաները և բեկերն, որոնք կառավարության մեծամեծ պաշտոններ էին վարում և միևնույն ժամանակ ունեին բարեկամական հարաբերություններ նրա հետ:

ԺԳ

Գիշերը խիստ մութն էր:

Ներքինապետը զոհությամբ և ուրախ դուրս եկավ յուր տիրոջ դահլիճից: Նա իսկույն դիմեց դեպի Բազիմ-խանումի կացարանը: Նքան հանդիպեց մալայեցի Ֆերուզը, որ միայնակ բակումը ման էր գալիս:

— Ո՞ւր, Հեյդար-ամու, — հարցրուց աղջիկը:

— Խանումիդ մոտ:

Աղախինը րոպեական շփոթությունից հետո պատասխանեց.

— Նա քնած է:

— Դե՜, գնա Ֆերուզ, շուտ զարթեցրու խանումին, ասա՜, որ իշխանն այս գիշեր նրա մոտ կլինի:

— Շատ լավ, — պատասխանեց մալայուհին և հեռացավ: Նա գտավ Սալմանին յուր տիկնոջ նախասենյակում:

— Սալման, քո հոգուն մատաղ, շուտ վազիր խանումի մոտ, ասա նրան...

— Ի՞նչ ասեմ:

— Ասա՜, իշխանը դարձել է որսից, Հեյդարը հայտնեց: որ այս գիշեր մեր խանումի մոտ կլինի:

— Դու ի՞նչ ասեցիր Հեյդարին:

— Ես խաբեցի նրան, ասեցի խանումը քնած է:

— Ի՞նչ սատանա ես, Ֆերուզ:

— Սո՛ւս կաց, գնա՛, մի՛ ուշացիր:

Սալմանն յուր հողաթափները պնդացրեց և սկսեց ուղղվել դեպի ճանապարհ:

— Գիտե՞ս որտեղ է նա, — հարցրուց Ֆերուզը:

— Գիտեմ, — պատասխանեց պատանին:

— Դե՛, վազի՛ր:

— Ծտի պես կթռչեմ:

Եվ իրավ, քառորդ ժամից հետո թեթև պատանին կանգնեց փոքրիկ տնակի հանդեպ, սկսավ զարկել մուրճը:

— Ո՞վ ես, — հարց արին ներսից:

— Ես եմ, — ձայն տվեց պատանին և իսկույն ներս ընդունվեցավ:

Այդ տնակի մեջ յուր մի հատիկ սպասավորի հետ բնակվում էր Միրզա-Շաֆի անունով մի տղամարդ: Նա եկած էր այս քաղաքը Հաֆեզի հայրենիքից: Լի վառվռուն երևակայությամբ շիրազցի երիտասարդն յուր ժամանակի երգիծաբան բանաստեղծներից մինն էր: Նա, բացի նրանից, որ զանազան երգերի կտորներ գրելով, նվիրում էր պարսից մեծամեծներին և նրանցից ընծաներ էր ստանում, այլև գրպանից փողը պակասած միջոցներում, շատ անգամ մի քաշքուլ քարշ էր տալիս թևքից, սկսում էր փողոցներում երգել և դերվիշի նման յուր օրական ապրուստը հավաքել: Միրզա-Շաֆին հիանալի ձայն ուներ: Նրա կրակոտ երգերից մինն էր, որ Բազիմ-խանումը լսելուց հետո հարեմխանայի խորքից ձգեց գեղեցիկ իշխանուհու սիրտը դեպի մանկահասակ բանաստեղծը: Եվ այնուհետև հարեմական տարփածուն շաբաթը մի քանի անգամ յուր գաղտնի այցելությունները նվիրում էր Միրզա-Շաֆիի մենավոր բնակարանին:

Սալմանը հայտնվեցավ տնակի բակում, փոքրիկ սենյակի լուսամուտից լսեց նվագածության ձայներ: Նա գտավ յուր տիրուհին զվարճության ամենաաքանչելի դրության մեջ: Հարեմական գեղեցկուհին, ոսկյա չանկերը մատներին անցուցած, արձակ խոպոպինքը մեջքի վրա սփռելով, զրնկ-զրնկացնում էր և շալվարների մրրկածուփ փոթորիկի մեջ պտտվում էր, պար էր գալիս: Բանաստեղծը, թառն յուր կուրծքին սեղմած, հնչեցնում էր, ներդաշնակելով մի թեթև զյաֆ :

Նրանց մոտ մի կողմում դրած էին զանազան ոգելից ըմպելիքներ և նախաճաշելու ուտելիքներ:

Սալմանի երևույթը հայտնի վրդովմունք պատճառեց երկուսի վրա ևս, և խանումը դադարեց պարելուց:

— Ինչո՞ւ եկար, — դարձավ նա դեպի պատանին: Փոքրավորը պատմեց բոլորը, ինչ որ լսել էր Ֆերուզից: Խանումը բոլորովին շփոթվեցավ:

— Ի՞նչ անեմ, աստվա՛ծ, — կոչեց նա խորին հուսահատությամբ:

— Անհոգ կա՛ց, Բագիմ, — ասաց երիտասարդը, անփույթ կերպով ծիծաղելով յուր հյուրի խռովության վրա: — Այդ առաջին անգամը չէ, որ դու ծուղակի մեջ ես բռնվում:

Իշխանուհին դարձյալ անհանգիստ էր:

— Իշխանն որտե՞ղ էր գտնվում, — դարձավ երիտասարդը դեպի Սալմանը:

— Դիվանխանայի մեջ:

— Ո՞վքեր կային մոտը:

— Մի քանի խաներ և բեկեր, — ասաց պատանին, տալով նրանց անունները:

— Ա՛յ, այդ դատարկապորտ անպիտանները նրա մոտ կմնան մինչև կեսգիշեր: Իշխանը դեռ յուր հյուրերին բերած որսիցն եղջերվի խորոված կուտացնէ: Հետո նրանք կսկսեն լկել ու լափել, հետո խաղալ ու ամբողջ ժամերով յուրյանց հիմարությունները պատմել:

Սալմանը դուրս գնաց նախասենյակը, սպասում էր յուր տիկնոջը:

— Ինձ ի՞նչ օգուտ դրանցից, — հարցրուց խանումը վշտահար ձայնով:

— Այն օգուտն, որ իշխանը յուր սիրուն հարեմի օթյակը

կմտնե կեսգիշերից մի քանի ժամ անցած, բայց տակավին չորս ժամ կա մինչև այդ անբախտ րոպեն:

— Այսուամենայնիվ, ինձ պետք է գոնյա երկու ժամ առաջ այնտեղ գտնվիլ, որպեսզի կարողանամ պատրաստվել նրան ընդունելու:

Երիտասարդի ուրախ դեմքի վրա վազեց մի հեգնական ծիծաղ:

— Ա՜յ, այժմ իմացա, թե ինչու ես շտապում, — պատրաստվել ու համար... երեսդ կոկելու համար... մազերդ անուշհոտցնելու համար... աչերդ սուրմայելու համար... հոնքերը ներկելու համար... ամենափառավոր հագուստով զարդարվելու համար...:

Հա՛, այդպես չէ՞:

Խանումն այդ խոսքերին պատասխանեց մի քաղցրիկ ժպիտով:

— Բայց ի՞նչու խեղճ բանաստեղծի խուցը գալու ժամանակ չես պատրաստվում դու, — հառաջ տարավ երիտասարդը: — Մի՞թե մտածում ես, որ քո քիշմիրյան լաթերը կաղտոտվին իմ սենյակի փոշիների մեջ:

— Նրա համար, որ դու էդպես էլ սիրում ես ինձ, — պատասխանեց խանումը և յուր ձեռքը նազելով երիտասարդի ուսին դրեց:

Միրզա-Շաֆին գրկեց յուր սիրուհին և նստեցրուց յուր մոտ:

— Այդ ուղիղ է, հոգիկս, — խոսեց նա, — հարեմական բռնակալները, — այդ հոտած, փտած իշխանները միայն, — ախորժում են յուրյանց անբախտ զոհերը միշտ խայտաճամուկ կեղևի մեջ տեսնել: Իսկ Շաֆին սիրում է այդ կրակոտ աչերը, այդ աղեղնաձև հոնքերը տեսնել յուրյանց բնական գեղեցկության մեջ:

Այդ խոսքերին հաջորդեց մի ջերմ, սիրաբորբոք համբույր:

— Լսի՛ր, Բագիմ, — հառաջ տարավ երիտասարդն ավելի ծանր կերպով, — երդվում եմ այդ զանգրահեր զուլֆերովդ (խոպոպիք), որ շուտով այդ անպիտանների դարը կանցնի: Մեծ «Բաբի» վարդապետությունը կտիրե մեր աշխարհին: Ապագան մերն է: Այն ժամանակ այդ իշխաններն, այդ խաներն, այդ բեկերն, այդ վնասակար արարածներն այլևս չեն կարող ժողովրդի արյունը ծծելովպարարտացնել իրանց փորը: Այլևս չեն կարող դիզել յուրյանց պալատներում երկրի հարստությունը և լցնել յուրյանց հարեմխանամեր աշխարհի ամենագեղեցիկ աղջիկներով...:

Այդ խոսքերն արտասանելու միջոցին երիտասարդը այնպես գրավվեցավ յուր մտքերով, կարծես թե մոռացավ յուր սիրուհին,որ գրկումն էր: Նա շարունակեց.

— Թո՛ղ առժամանակ ևս խեղճ Շաֆին, գիշերները քաղցած փորով, յուր վերարկվի տակ կծկված, յուր սառը ծնկները գրկած, միայնակ քնե այդ խոնավ սենյակի մեջ: Բայց կգա օրը, երբ մենք կցրենք այդ անողորմ մեղուների բույնը և նրանց քաղցրիկ մթերքը մեզ կերակուր կշինենք...

— Չէ՛ որ ես քեզ մենակ չեմ թողնում, Շաֆի ջան, — երիտասարդի խոսքը կտրեց իշխանուհին հրապուրիչ ձայնով:

— Գողությունը միշտ զզվելի բան է, — պատասխանեց երիսաարդը: — Ահա՛ սպասում է Սալմանը, գնա՛, և դու մի րոպեից հետո իմը չես: Գնա՛, սիրելի Բագիմ, ես չեմ ուշացնի քեզ, գնա՛

պատրաստվի՛ր, զարդարվի՛ր, քո բռնակալն այս գիշեր քեզ մոտ շնորհ ունե: Բայց երբ կգա կնոջ ազատ իրավունքը, դու այլևս ստիպված չես լինի շողոքորթել մի «գազանի» անասնական կրքերին... իսկ առայժմ պետք է համբերես, Բագիմ, որովհետև դու ստրուկ ես:

Տիկինը լի համակրական զգացմունքով՝ յուր վարդի կոկոնի նման շրթունքը հպեցրուց երիտասարդի ճակատին և վեր կացավ: Նա պատրաստվում էր գնալ, բայց Միրզա-Շաֆին կանգնեցրեց նրան:

— Սպասի՛ր, գիշերը շատ մութն է, քաղաքի սրիկաները քաղցած գայլերի նման այժմ պտտում են փողոցներում: Սպասիր, ես քեզ հետ գամ:

— Դու մնա՛ տանը, Շաֆի, մի փոքր հանգստացիր, դու շատ վրդովված ես, — ասաց տիկինը:

— Ես կհասցնեմ քեզ մինչև ամրոցը:

Նրանք միասին դուրս ելան, յուրյանց հետ առնելով Սալմանին: Ամրոցի մոտ բաժանվեցան: Բագի-խանումն երբ կամենում էր անցնել հարեմխանայի բակը, դռնապանը հարցրուց նրան.

— Ո՞վ ես:

— Բագիմ-խանումի մոտ եմ գնում, նրա քրոջից նամակ եմ բերում, — եղավ պատասխանը:

— Գնացե՛ք:

ԺԳ

Միրզա-Շաֆին, բաժանվելով յուր սիրուհուց, մի քանի րոպե կանգնեց իշխանի ամրոցի մոտ, նա մտածում էր. «ո՛րքան անբախտ արարածներ իրանց սիրողների գրկիցը խլված, բանտարկվել են այդ վանդակի մեջ: Եթե նրանց բոլորի արտասուքը միախառնվեին, այդ ահագին պարիսպները կխորտակվեին նրանց հոսանքի առջև»...

Նա կամենում էր հեռանալ, երբ մի նոր միտք հետ դարձրուց նրան: «Չէ՛, մտնեմ իշխանի մոտ և մի քանի րոպե նրան զբաղեցնեմ դատարկախոսությամբ, մինչև նրա տիկինը կպատրաստվեր»... և նա ուղղեց յուր քայլերը դեպի ամրոցը:

Նա գտավ դիվանխանայի դահլիճներից մինը փառավոր կերպով զարդարված լալաներով և մարդան զիներով:

Լուսամուտների լայն — ապակեզարդ փենջարեքը վեր էին քաշված և բակի ծաղիկներով անուշահոտված օդը ներս էր ծավալվում ախորժ թարմությամբ:

Փենջարեի մի կողմում ծալապատիկ նստած էր ամրոցի իշխանը, նրանից ներքև կարգով շարված էին հյուրերը և լռությամբ ականջ էին դնում նրա խոսքերին:

Միրզա-Շաֆին ներս մտավ և սովորական ողջույնը տալով, կանգնեց:

— Ա՛, Միրզա, բարով եկար, բարով, հրամայեցեք նստեցեք — ասաց իշխանը նրան տեղ ցույց տալով:

Երիտասարդը բոլորին ծանոթ էր, առանց նեղվելու, համարձակ գնաց և նստեց ցույց տված տեղը:

Նա լավ գիտեր յուր երկրի սովորությունը, թե գտնվում էր մի իշխանի մեջլիսում, և թե հարկավոր էր ամեն նրա հիմար ու խելացի խոսքերին լռությամբ լսել, «այո՛, այդպես է» ասել, այդ պատճառով Միրզա-Շաֆին կամեցավ առժամանակ պահպանել պատշաճի կանոնները:

— Հորս գերեզմանին երդում լինի, — շարունակեց իշխանը ընդհատված խոսակցությունը, — իմ որսորդությունն այս անգամին անսպասելի հաջող գնաց:

— Ձեր մեծությունը միշտ բախտ ունե որսորդության մեջ, — շողոքորթեց հյուրերից մինը:

— Բացի դրանից, իշխանի շները լավ վարժված են, — վրա բերեց մի այլը:

— Իմ ոսկեգույն բարակը՝ Շեյթանը, հրաշալի մի բան է, ես նրան չեմ փոխի ամենաազնիվ արաբական նժույգի հետ, — պատասխանեց իշխանը:

— Այն, որ Ջաֆար-խանը ձերդ մեծությանը փեշքեշ էր ուղարկե՞լ, — հարցրեց մինը:

— Այո՛, հենց այն, — պատասխանեց իշխանը, — գիտե՞ք, խան, որքա՛ն թանկ նստեց ինձ այդ բարակը. Ջաֆար-խանը, ձեզ հայտնի է, ամբողջ մի տարի զավառապետ էր Քաշանում, ի՞նչ անիրավություններ ասես չէր արել այնտեղ այդ անպիտանը՝ կաշառքներ, տուգանքներ, — բացի դրանցից, դիվանի տուրքից ևս բավական կուլ էր տվել: Ես կարող էի նրանցից մի քանի հազար դեղին թուման դուրս քաշել, բայց բոլորը բաշխեցի:

Միրզա-Շաֆին, որ լռությամբ լսում էր, կտրեց իշխանի խոսքը. — Վնաս չունի, բարակը նույնպես դեղին գույն ունի, իշխան:

Բայց ես զարմանում եմ մի բանի վրա, ես գիտեի, որ քավության զոհերը մատուցվում են միայն սուրբ կենդանիներից, իսկ այդ մի նոր վարդապետություն է, որ շներից եղած զոհաբերությունը դարձյալ կարող էր սրբել մի հանցավորի մեղքերը...

Միրզա-Շաֆիի երգիծական սրախոսությունը բարձրացրուց ընդհանուր ծիծաղ: Բայց որովհետև բոլորը սովոր էին նրա խոսքերին, այդ պատճառով իշխանն ամենևին չբարկացավ նրա նկատողության վրա և շարունակեց յուր խոսակցությունը, որ այնքան հետաքրքրական էր նրա հյուրերին:

— Իսկ այդ անգամին իմ Հաղուղը — այդպես էր իշխանի նժույգի անունը, — կատարյալ հրաշք գործեց:

— Ի՞նչպես, — հարց արին ամեն կողմից:

— Այս անգամ երկար մենք թափառում էինք Ս...ի դաշտերում և ձորերում, մի քանի կաքավներ և տատրակներ միայն գտանք: Նոքարներս ամեն մինը մի կողմ ցրված էին: Մին էլ հեռվից տեսա Աքպար սպահանցու հրացանի ծուխը բարձրացավ: Բայց գնդակը չդիպավ նպատակին, և եղջերուն սատանայի արագությամբ սկսավ վազել: Ես Հաղուղին բաց թողեցի էրեի վրա: Քառորդ ժամու չափ իմ ձին և որսը վազում էին միևնույն ուղղությամբ: Հանկարծ իմ առջև մի խոր ջրանցք, մինչև տասն արշին լայնությամբ: Ես չկարողացա Հաղուղիս գլուխը դարձնել, որովհետև նա չափազանց տաքացած էր: Իմ աչքերիս առջևը սևացավ: Մին էլ այն տեսա, ձին արծվի պես թռավ, և ես գտնվում էի ջրանցքի մյուս ափումը:

— Մաշա՛լլա, մաշա՛լլա, — կոչեցին հյուրերը:

— Եղջերուն ընկավ ջրանցքի մեջ և մինչև կեսը թաղվեցավ լիլի մեջ: Ես արձակեցի իմ կարաբինան, և խոշոր կոտորակները անցան որսի ուղեղի միջից:

— Բայց դուք էլ մեծ քաջություն եք արել, իշխան, — գովաբանեցին հյուրերը:

— Ես այդ դեպքում ավելի պարտական եմ Հադուդին, — հառաջ տարավ իշխանը, — ճշմարիտ նա արժեր փրկանք լինել, այն գեղեցիկ օրիորդին... որ...

— Ի՞նչ օրիորդ, — հարցրուց հյուրերից մինը, — ձեր մեծությունը, կարծեմ, Հադուդին հինգ հարյուր թումանով գնեց:

— Դուք սխալվում եք, խան, — պատասխանեց իշխանը, — ձեր ասածը Ջեյրանն է, որ գնեցի բաղդադցի արաբից: Հադուդը ինձ բերեց ծերունի Խալաֆ-բեկը՝ Մավրի թուրքմենների ցեղապետը:

Երբ վերջին արշավանքներում մենք թուրքմեններից այնքան գերիներ և կողոպուտ խլեցինք, նրանց թվում գտնվում էր Խալաֆ-բեկի աղջիկը: Խեղճ ծերունին առաջարկեց հազար թուման փրկանք յուր դստեր համար, ես չընդունեցի, այլ պահանջեցի նրա ձին, որ բոլոր Թուրքեստանի մեջ հռչակված էր: Նա ստիպված եղավ տալ Հադուդին, որ յուր երկու աչքի լույսի հետ չէր փոխի: Ձին բերեցին, հրամայեցի տանել ախոռը, իսկ աղջիկը մինչև այսօր էլ իմ հարեմխանայումն է...

Վերջին խոսքերը Խալաֆ-բեկի դստեր մասին վերաբերում էին Բազիմ-խանումին, Միրզա-Շաֆիի սրտին ամենամոտ առարկային: Նրա հպարտ աչքերը վառվեցան այդ լսելու ժամանակ և շրթունքը սկսեցին դողալ:

— Ի՛նչ լավ եք արել, — գովեցին ամեն կողմից իշխանի նենգությունը:

— Շա՛տ լավ է արել, — վրա բերեց Միրզա-Շաֆին հեգնորեն կերպով, — խաբեբայությունը պատերազմական գործերում թույլ է տված մինչև անգամ դորանով...

Խոսակցությունը ընդհատվեցավ, երբ ներս բերվեցան ղեյլանները: Նրանք սկսեցին ծխել:

— Դուք բոլոր ժամանակը Ս...ումը անցուցիք, իշխան, — հարցրուց խաներից մինը:

— Երեք օր միայն: Այնտեղից ես եկա Հյուսեին-խանի մոտ, ճաշին հյուր եղա նրա գյուղումը: Ճշմարիտն ասած, շատ ուրախ անցուցինք: Խանն ինձ զվարճացնելու համար կանչել տվեց յուր իրեա բայաթներից մի քանի պատանիներ և աղջիկներ, նրանք «ջիհուդի» պար բռնեցին: Ա՛խ, ի՞նչ ծիծաղելի էր այդ նզովյալների խաղը: Հետո մի քանիսին ծերերից փայտի կապել տվավ խանը. սկսեցին ծեծել, նրանց լացը ու գոռոցն ավելի ծիծաղեցրուց ինձ, կատարյալ «ջիհուդի շիվան»...

Այդ խոսքերը այնպիսի մի եռանդով պատմեց իշխանը, որ շարժեց բոլոր հյուրերի ծիծաղը, բացի Միրզա-Շաֆիից:

— Ես էլ տեսել եմ այդ անիծվածների խաղերն, — ասաց խաներից մինը, — ճշմարիտ շատ ծիծաղելի է: Երբ առաջին անգամ գնացի Համադան որպես կուսակալ, երբ քաղաքին մոտեցանք, բոլոր ժողովուրդը ընդառաջ ելավ: Մուսուլմաններն ամեն մի տատը քայլափոխում մատաղ էին մորթում ձիուս ոտքերի տակ: Ջիհուդները պար էին գալիս: Նրանք հագել էին ծաղրական հագուստներ, գլխներին դրած էին երկայն, զանազան գույներով ներկված թղթե գդակներ: Այնպես թռչկոտում էին, չրրթիկ էին զարկում և պես-պես մասխարություններ էին անում: Իսկ ավելի ծիծաղելի էին հայերը: Նրանք դուրս էին բերել յուրյանց քահանաներին եկեղեցվո հագուստով և բոլոր պատկերներով ու խաչերով, որ այդ անօրենները գործ են ածում իրանց եկեղեցիներում: Ես չկարողացա իմ ծիծաղը պահել, երբ տեսնում էի պարսիկ լամուկները մոտենում էին պատկերներին, ու սկսում էին նրանց առջև յուրյանց բերանը ծռմռել ու զանազան ծաղրական խոսքեր ասել, և կամ քեշիշներից (տերտերներից) հարցնում էին. «քեշի՛շ, ին՞ չո ւ ես խաչի ետևում փայտ անցուցել»:

— Այդ շատ ծիծաղելի է, — ձայն տվեցին ամենքը ռռռալով և հայտնեցին, որ իրանցից շատերը ներկա եղած են այդպիսի հանդեսների:

— Բայց օտար ազգերի կրոնական սրբությունները

ծաղրածության առարկա շինել, այդ ո՜չ միայն խղճմտանքի ընդդեմ է, այլև աստծո, — մեջ մտավ Միրզա-Շաֆին:

Բայց իշխանը նրան փոխանակ ուղղակի պատասխանելու, ասաց.

— Ավելի հաճելի կլինի մեզ, եթե այդ ունայն քարոզների տեղ դու երգես մի երգ:

— Բոլորովին ուղիղ նկատեցիք, իշխան, — ավելացրեց խաներից մինը, — ուրեմն հրամայեցեք բերեն թառը, ես խնդրում եմ, որ Միրզա՜Շաֆին ածե նս:

Սույն միջոցին իշխանի մանկլավիկները ներս բերեցին արծաթյա մատուցարանների վրա դրած նախաճաշելիքներ, որոնց ընթրիքից առաջ սովորություն ունեն պարսիկները ուտելու և նրանց մոտ դրվեցան զանազան դորանից արգելված ըմպելիքները: Հյուրերը սկսեցին խմել և ուտել: Իսկ Միրզա-Շաֆին հնչեցրուց թառը և հանպատրաստից երգեց այս երգը.

«Մթին անտառով պատած էր սարը,
«Այն սարի գլխին գմբեթի նման,
«Կապույտ երկինքը յուր լայն կամարը,
«Գրած էր այնպես պայծառ, անսահման:
«Այն սարի վրա ամրոց էր կանգնած,
«Թշնամի վըհուկ կախարդեց նրան.
«Ամրոցի միջում աղջիկ էր նստած,
«Նրան կապել էր գերության շղթան:
«Միայնակ, տխուր նազելի կույսը
«Փակված էր մթին յուր նեղ սենյակում,
«Կյանքից և բախտից կտրած էր հույսը,
«Սրտամաշ ցավերը կըրում էր հոգում:
«Ամրոցի մոտից մի աշուղ անցավ,
«Երգեց աշուղը յուր երգը անուշ,
«Վըհուկի այն չար թիլիսմը լուծվեցավ,
«Փշրեց յուր շղթան աղջիկը քնքուշ:
«Վազեց դեպի դուրս, աշուղին կանչեց,

«Ասաց — «Դու ես իմ սրտի ուզածը,
«Սեղմեց գրկի մեջ, երեսից պաչեց,
«Ասաց — «Ինձ փրկիչ ճամփեց աստվածը:
«Երբ որ լուսինը բլուրի ծայրից՝
«Շողում էր լույսը՝ ուրախ և պայծառ,
«Երբ որ աստղերը երկնի կամարից՝
«Պսպղին տալով՝ թափեին զոհար, —
«Ամրոցի միջից աշուղի նազելին,
«Ծածուկ դուրս դալով, մթին անտառում՝
«Լի ցնորքներով՝ սրտի սիրելին՝
«Կանչում էր, կանչում… նրան պըտրում…
«Այն անտառի մեջ կար մի տաղավար,
«Կարծես, դերվիշի էր նա բնակարան,
«Թփերով պատած՝ ճյուղերը հյուսած
«Ցրտից, անձրևից պահում էր նրան:
«Այնտեղ աշուղը միայնակ՝ լռին
«Առանձնության մեջ երդում էր երգը,
«Նրան կենակից էին՝ Հաֆեզ, Սաադին
«Եվ մեծ թուսեցու հրաշալիք գիրքը:
«Այն տաղավարում ամրոցի հուրին
Անցուցանում էր անուշ գիշերներ. —
«Ջեննաթը երբե՞ք յուր անմահներին
«Չէ՞, չէ՞ շնորհում այնպիսի օրեր...
— «Թափում էր ցավը վշտահար սրտից ,
«Սրբում էր աչքից դառն արտասուքը,
«Որպես մի անմեղ՝ ազատված բանտից՝
«Մոռանում էր յուր ողբն ու սուգը:
«Ամրոցի տերն էր բռնակալ — իշխան,
«Որ խլեց նրան հայրենի երկրից,
«Իսկ աղջկա հայրն — էր ծերուկ մի խան,
«Որ շատ արտասուք քամեց աչերից:
«Իշխանը ուներ պաշտոն արքունի
«Եվ գեղեցկուհի կանայք բազմաթիվ,
«Նրա հարեմում ստրուկ, ներքինի

«Զունեին բնավ համար և հաշիվ:
«Նրա կանայքը փակված են ողջուն
«Երկաթով պատած՝ ամուր վանդակում,
«Բայց «ս ե ր ը» հզոր է քան բռնություն,
«Նա յուր վանդակը է միշտ խորտակում...»:

ԺԵ

Բազիմ-խանումը, դառնալով յուր սենյակը, զարդարվեցավ, օծվեցավ, կոկվեցավ և նախշուն թիթեռնիկի կերպարանք ստացավ: Նա յուր օթյակը լեցրած անուշահոտությամբ, սպասում էր յուր տիրոջ գալստյանը: Հանկարծ նրա ականջներին դիպավ մոգական հնչումները մի երգի:

— Այդ «նրա» ձայնն է... — ասաց շփոթվելով տիկինը և մոտեցավ բաց լուսամուտին, որտեղից ներս թռան երգի վերջին տողերը.

«Եվ իսկ այս գիշեր ամրոցի հուրին
«Զվարճանում էր աշուղի գրկում —
«Որ թռիչք տվեց սրտի դարդերին...
«Որ ձեզի համար այդ երգն է երգում... »:

— «Նա» ինձ է երգում...— մտածեց տիկինը լի քաղցրիկ վրդովմունքով և թեքվեցավ փենջարեի հենարանի վրա:

— Գիտե՞ք, խանում, ով է երգում, — հարցրուց Ֆերուզը, որ կանգնած հետազոտում էր յուր տիկնոջ երեսի փոփոխական գծերը:

— Գիտեմ... — պատասխանեց տիկինը տխուր ձայնով:

— «Նա» նրա համար է երգում, որ դուք լսեք:

Տիկինը ոչինչ չպատասխանեց: Նա երկար ականջ էր դնում, բայց երգը լռել էր արդեն:

— Իշխանը այս գիշեր ձեզ մոտ կլինի, — խոսեց աղախինը:

— Գիտեմ:

— Ի՞նչ պատրաստել:

— Ինչ ուզում ես պատրաստի՛ր, Ֆերուզ, ինձանից մի՛ հարցրու, իմ գլուխն իմս չէ...

Աղախինը, նկատելով տիկնոջ վշտահար դեմքը, հեռացավ:

Բազիմ-խանումը հեռացավ լուսամուտից, մոտեցավ հայելուն, երկար նայում էր յուր վրա, կարծես սիրահարված լիներ իրանով: «Եթե այդպես տեսներ ինձ Շաֆին...», ասում էր նա ինքն իրան:

Նրա մտածությունները շփոթեց մի ձայն. — Բախտավոր, զարդարվի՛ր... ուրախացի՛ր... հիմա իշխանը կգա:

Տիկինը հետ նայեց, տեսավ հարեմներից մինը՝ գեղեցիկ Ջեյրան-խանումին:

— Նախանձո՞ւմ ես, Ջեյրան, — դարձավ նա դեպի յուր այցելուհին ակամա ժպիտով:

— Թո՛ղ իմ աչքը կույր լինի, եթե նախանձեմ , — պատասխանեց եկվորը մոտենալով:

— Բա ի՞նչ ես ասում:

— Հանաք եմ անում, Բազիմ:

— Նստի՛ր, հոգիս, նստի՛ր, մի քիչ խոսենք, ես այսօր շատ տխուր եմ...

Նրանք նստեցին միմյանց մոտ:

— Դու պետք է ուրախ լինես, Բազիմ, այսօր «նրա» մոտ էիր, — պատասխանեց Ջեյրան-խանումը ծիծաղելով:

— Է՛հ, «տարին մի անգամ բայրամ (զատիկ), այն նս ախուվախով»... — պատասխանեց Բազիմ-խանումը ցավալի կերպով:

— Բաս ես սն՛ պետք է հազնեմ, որ ամիսներով նրա երեսը չեմ տեսնում...

— Դու էլ ինձ պես անբախտ ես... Ջեյրան:

— Հա՛, անբախտ եմ, Բագիմ... — կրկնեց Ջեյրանը խորին կերպով հոգվոց հանելով:

Երկու տիկինների խոսքն յուրյանց գաղտնի սիրողների վրա էր: Նրանք միմյանցից ծածուկ ոչինչ չունեին:

— Այդ ո՞ր սատանան փչեց իշխանի խելքին, որ կամեցել է այս գիշեր քեզ մոտ լինել, Բագիմ:

— Չեմ գիտում: Դու քանի՞ ժամանակ է չես տեսել իշխանին... Ջեյրան:

— Երեք ամիս:

— Ամեն գիշեր ընկած է Ղարաչու աղջկա մոտ: Բագիմ-խանումի խոսքը մի բոշա հարեմի մասին էր, որին շատ էր սիրում իշխանը:

— Նա գեղեցիկ է, նրա համար, — ասաց հեգնորեն Ջեյրան-խանումը:

— Սատանան տանե նրա սև թշերը, — պատասխանեց Բագիմ-խանումը զզվանք ձևացնելով յուր դեմքի վրա: — Թե ես և դու Ջեյրան, նրա նման ածել, երգել, պարել իմանայինք, իշխանը մեզ էլ կսիրեր:

— Մինակ այդ չէ պատճառը, հոգիս, — խոսեց Ջեյրանը, — Խուրշիդը — այդպես էր բոշա հարեմի անունը — որպես ամեն մութրուները, կատարյալ կախարդ է:

— Ղո՞րդ:

— Իմ հոր գերեզմանը վկա: Նա դյութել է իշխանի սերը:

— Այն դևի ծնունդից ոչինչ բան պակաս չէ:

— Իշխանը կարծում է, — հառաջ տարավ Ջեյրան-խանումը, թե Խուրշիդն ամեն հարեմներից ավելի է սիրում նրան: Բայց դու, Բագիմ, գիտե՞ս նրա բաները:

— Չեմ գիտում:

— Նա ուրիշին է սիրում:

— Ու՞մ:

— Չեմ գիտում: Բայց մի անգամ Խուրշիդը ծեծել էր յուր աղախնին՝ Հունիին, աղախինը պատմեց ինձ ամենը:

— Ի՞նչ ասեց:

— Ասեց իմ տիկնոջ ծնելու օրը հասավ: Նա հրամայեց ոչ

որին յուր սենյակը չթողնել, այնտեղ էր միայն պառավ տատմերը: Խուրշիդն ազատվեցավ: Տղան ծնվեց սև ինչպես ածուխ, հաստ շրթունքներով և տափակ քթով: Տատմերը գիշերով վեր առեց երեխան, տարավ յուր հետ: Մյուս օրը բերավ մի այլ տղա սպիտակ որպես ձյուն: Այնուհետև հայտնեցին, թե խանումը ազատվեցավ ծնունդից...

Զեյրա-խանումն այդ խոսքերը պատմելու միջոցին Բագիմ-Խանումի դեմքը փոփոխվում էր զարմացական ցնցումներով:

— Ուրեմն Խուրշիդի այժմյան երեխան իրանը չէ՞, — հարցրուց նա ծիծաղելով:

— Տատմերը գտել է նրան մի մեչիդի դռնից, ուր նրան ձգած են եղել:

— Բայց իշխանը գլխը առած սիրում է, համբուրում է երեխային, կարծելով թե յուրն է:

Եվ սիրում է մորը, որ այնպիսի գեղեցիկ որդի ծնեց...

Բագիմ-խանումն երկար պաշարված էր յուր լամծների զարմացումով:

— Հիմա իմանում եմ, Զեյրան, որ իշխանի սերը գրավելու համար գեղեցկություն պետք չէ: Պետք է այնպես «սատանա» լինել, որպես Խուրշիդը:

— Ի՞նչ գեղեցկություն, — պատասխանեց մյուսը, — Զեյնաբ-խանումը մեր ամենիցս գեղեցիկ է: Ի՞նչու չէ սիրում նրան իշխանը: Նրա համար, որ նա «սատանայություն» չունի:

— Խե՛ղճ Զեյնաբ, — խոսեց Բագիմ-խանումը ցավակցական ձայնով, — կարելի է սրտի դարդերիցը դնոտեցավ...

— Դարդը քի՞չ բան է...: Ես մի օր չէի տեսնում նրան, որ աչքերն արտասուքով թաց չլինեին: Խեղճն ամբողջ օրը յուր սենյակից դուրս չէր գալիս, հենց ա՛խ էր քաշում ու լաց լինում...:

— Հիմա մի քիչ լավ է, ասում են:

— Ջինների ձայնը դեռ շատ անգամ լսվում է:

— Ես ուզում էի այսօր նրա մոտ գնալ, վախեցա:

— Չէ՛, Բագիմ, չէ կարելի նրա մոտ գնալ, — ասաց Ջեյրան-խանումը: — Կախարդն ամեն գիշեր գալիս է:

— Շատ բաներ են պատմում կախարդի մասին:

— Ի՞նչ բաներ:

— Ասում են ամեն բան գիտե:

Լսելով վերջին խոսքերը, Ջեյրան-խանումի գլխում ծագեց մի նոր միտք: Եվ նա հարցրուց.

— Միրո «թիլիսմաններ» էլ կգիտենա: Այդպես չէ՞:

— Ամեն բան գիտե:

— Ե՛կ, Բագիմ, մի օր նրան մեզ մոտ կանչենք:

— Ինչո՞ւ համար:

— Թո՛ղ մեզ համար «սիրո թիլիսմաններ» գրե:

— Առանց այդ էլ սիրում են մեզ.. պատասխանեց Բագիմ»խանումը ժպտելով:

— Իշխանը որ չէ սիրո՞ւմ...

— Ի՛նչ պետք է իշխանի սերը:

— Նրա համար պետք է, որ բայրամ (զատիկ) է գալիս, ես ու դու նոր հագուստ չունենք:

— Մուրդաշուրը տանե նրա առած հագուստը...— պատասխանեց Բագիմ՛խանումր արհամարհական կերպով:

— Բայց ես կախարդին կանչել կտամ:

— Կանչել տուր, որ նոր հագուստով գնաս սիրականիդ մոտը... դու նրա համար ես զարդարվում...

Երկու հարեմների խոսակցությունը ընդհատվեցավ, երբ նրանք տեսան հարեմխանայի բակը ներս մտավ իշխանը: Երկու փոքրիկ սպասավորներ իրանց լապտերներով լուսավորում էին նրա մուտքը: Ջեյրան-խանումը վազեց դեպի յուր սենյակը:

ԺՁ

Չնայելով այն խորին ատելությանը, որ ուներ Բագիմ-խանումը դեպի յուր բռնակալը, այսուամենայնիվ, երբ նրա գալուստը տեսավ, ընդունեց խիստ ուրախ և հրապուրիչ կերպարանք: Թեև այդ ուրախությունը բոլորովին ակամա և հրապույրը ստիպողական էր, բայց դարձյալ գրավիչ և ախորժելի էր: նա դիմեց մինչև նախասենյակը, երբ ամուսինն ոտքը դրեց նրա շեմքի վրա, բռնեց նրա ձեռքից և գրկելով բերավ յուր օթյակը:

Այն խոսքերը, որոնցով տիկինն արտասանում էր յուր սերը և ուրախությունը, կարող է արտասանել մի կեղծավոր լեզու, որ երկար ժամանակ եղել է թարգման ճնշված, հաղթահարված և մինչև ստրկության հասած սրտի...

Մտնելով յուր հարեմի սենյակը, իշխանն յուր սովորական հպարտությամբ գնաց, նստեց յուր համար հատուկ պատրաստած փափուկ օթոցի վրա և մեջքը տվեց թանկագին բարձերին: Կինը նստեց նրա մոտ և նազելով թեքվեց դեպի նա, յուր հինայով ներկած ձեռքը դրեց ամուսնի ափի մեջ:

— Ի՞նչպես է քո առողջությունը, — հարցրուց իշխանը, ծանրությամբ:

— Ձեր շնորհը աղախնիդ համար կյանք է, ձեր ամեն մի ժպիտը նրան հավիտյան անմահություն կբաշխե, — պատասխանեց կինն ասիական գեղեցկախոսությամբ:

— Այդ պատճառով էլ ես քեզ մոտ եկա:

— Ձեր գալուստն այնքան բերկրալի է, որպես ամառնային անձրևն յուր մարգարիտները սփռում է ծարաված երկրի վրա...

— Մի՞թե դու այդքան սիրում ես ինձ:

— Թո՛ղ վկա լինեն երկնքի հրեշտակները, որ ոչ մի ծաղիկ յուր գեղեցկությամբ իմ աչքը չէ գրավում, երբ «սիրականիս» դեմքը չէ այն, և ոչ մի թռչուն յուր երգերով ինձ չէ ուրախացնում, երբ «սիրականիս» ձայնը չէ այն:

Գուցե Բազիմ-խանումի խոսքը մի այլ «սիրականի» մասին էր, բայց իշխանը, բոլորովին իրան վերաբերելով, ասաց.

— Միթե սերն այդքան քաղցր է քեզ համար:

— Ավելի քան «կենդանության ջուրը»:

Սույն միջոցին իշխանը թևքը փաթաթեց տիկնոջ պարանոցով և նրա շրթունքը սեղմվեցան յուր գեղեցիկ հարեմի թշի վրա:

— Դու ավելի անուշահոտ ես, քան թե ջեննաթի վարդերը, — կոչեց իշխանն յուր հրապուրանքի քաղցրության մեջ:

— Վարդն ավելի զվարթանում է, երբ վաղորդյան ցողը փայլում է նրա թերթերի վրա... — այդ քո սերն է, թանկագին ամուսին, — պատասխանեց տիկինը:

Մի քանի այդպիսի խոսակցություններից հետո Բագիմ-խանումը վեր կացավ, յուր ձեռքով պատրաստեց մի ղեյլան և մատուց ամուսնուն: Ղեյլանի ծխաքարշը բոլորը զարդարած էր գույնզգույն ծաղիկներով:

Իշխանը սկսեց ծխել: Ֆերուզը ներս մտավ և վայր թողեց օթյակի վարագույրները: Քանի րոպեից հետո խավարը ծածկեց յուր պարկեշտ թևքերի տակ հարեմական իշխանի բոլոր սիրակցությունը...

Բայց Ջեյրան-խանումը, դուրս գալով Բագիմ-խանումի սենյակից, նրան հանդիպեց Խուրշիդ-խանումը, որի մասին կես ժամ առաջ խոսում էին երկու տիկինները: Խուրշիդը, կատաղած առյուծի նման, միայնակ ման էր գալիս հարեմխանայի բակում ը:

— Ջեյրան, Ջեյրան, — կանչեց նա հեռվից:

Ջեյրանը կանգնեց: Նա մոտ եկավ:

— Իմամ-Հուսեյնի գերեզմանին երդում լինի, — ասաց նա բարկացկոտ ձայնով, — եթե առավոտյան ես Բագիմի ծամերը մեկ-մեկ դուրս չքաշեմ...

— Ինչո՞ւ: Գժվե՞լ ես, — հարցրուց Ջեյրանը զարմանալով:

— Նա համարձակվո՞ւմ է իմ հերթը խլել:

— Ի՞նչ հերթ:

— Իշխանն այս գիշեր ինձ մոտ պիտի լինե՞ր, թե նրա մոտ:

— Թող քեզ մոտ լիներ, — պատասխանեց Ջեյրանը սառնությամբ: — Բազիմը խո զոռով յուր մոտ չէ՛ տարել:

Խուրշիդն ավելի կատաղեցավ:

— Զոռով չէ՛, բա ի՞նչ է: Նա չէ՞ր իմանում, որ հերթն իմն է:

— Նա ինչո՞վ իմանար: Նա էյլմ-դեյբի չգիտե, — հեգնորեն ասաց Ջեյրանը:

— Ես նրան կհասկացնեմ, թող առավոտը լուսանա...: Ես այն թուրքմենի քածին ցույց կտամ...

— Գնա՛, գնա՛, դու կռիվ ես պտրում, — ասաց Ջեյրանը հանդիմանական կերպով: — Եթե նա թուրքմեն է, դու էլ մութրուֆ (ցիգան) ես... մի շատ ազնիվ ցեղից չես...

Բոշա հարեմի աչքերը վառվեցան բարկության կրակով:

— Դո՛ւ, անզգամ, պաշտպանո՞ւմ ես այն անառակին, — կոչեց նա հարձակվելով Ջեյրանի վրա:

— Անզգամն էլ, անառակն էլ դու ես...:

— Ե՞ս... — ճչաց Խուրշիդը և երկու ձեռքով ձիգ ընկավ Ջեյրանի ծամերից...

— Վա՛յ... վա՛յ... — ձայն արձակեց Ջեյրանը և ինքն էլ փոխադարձաբար բռնեց Խուրշիդի ծամերից:

Երկար նրանք մեկ-մեկու քարշ էին տալիս, միմյանց աչքն ու երեսը ծվատում էին, երբ վրա հասավ ներքինապետը:

— Ամոթ է... խանումներ, այդ ի՞նչ խաբար է... — ասաց նա նրանց բաժանելով:

— Թող դրան խեղդեմ... — ասում էր Խուրշիդը, աշխատելով Հեյդարի ձեռքից դուրս պրծնել:

Բայց Ջեյրանն այլևս ուշադրություն չդարձրեց և խույս տվեց կռվի դաշտիցը:

ԺԷ

Մինչ ամրոցում անց էին կենում նախընթաց դեպքերը, Զեյնաբ-խանումը և Քերիմ-բեկը, Սալոմեի տան մեջ, նստած միմյանց մոտ, իրենց սրտի գեղազվարճ բերկրության մեջ, ճաշակում էին սիրո քաղցրությունները...

Սալոմեն նրանց մոտ չէր, նա մյուս սենյակում յուր ամուսնու հիվանդ ընկերի վերքերին սպեղանիք էր դնում:

— Լսի՛ր, Ալմաստ, — հառաջ տարավ Քերիմ-բեկը ընդհատված խոսակցությունը, — մեր գերությունից հետո մեր հայրենիքում պատահել են մեծամեծ փոփոխություններ: Վրաստանը վաղուց միացել է Ռուսաստանի հետ: Այժմ վրացիք թագավորություն չունեն: Հիմա մեր Թիֆլիսը ռուսաց քաղաք է: Ռուսներն ուզում են տիրել բոլոր Կավկազին, այժմ այնտեղ պատերազմ կա:

— Պատերա՛զմ... — կրկնեց սարսափելով Ալմաստը: — – Էլի կոտորո՛ւմ են...: Այդ դու ո՞րտեղից գիտես, Մեխակ:

— Այսօր վազ առավոտյան Նաիբ-ուլ-Սալթանեի սուրհանդակը Թավրիզից այստեղ հասավ: Նա եկել էր չորս օրում և բոլոր Պարսկաստանի համար բերել էր տխուր լուրեր: Ռուսները հաղթում են և տիրում են պարսից խանություններին: Բոլոր հայերն ոտքի են կանգնած, ուզում են ազատվիլ պարսից լծից:

Դեռ գտնվելով պատերազմական սարսափելի տպավորությունների տակ, Ալմաստը, լսելով այդ խոսքերը, բոլոր մարմնով դողում էր: Նա հարցրուց անհամբերությամբ.

— Ռուսներն ո՞վքեր են: Ա՛խ, ով գիտե նրանք էլ Մահմեդ-խանի նման թալանում են... գերի են տանում...

— Չէ՛, Ալմաստ, — հանգստացրուց նրան Քերիմ՛բեկը, — ռուսները մեզ նման քրիստոնյաներ են, նրանք գերի չեն առնում և պարսիկների նման չեն թալանում...

Նրանք մեր խաչը և պատկերները պաշտո՞ւմ են:

— Պաշտում են:

Ալմաստը մի փոքր սիրտ առավ, հանգստացավ:

— Ամբողջ Թեհրանն այսօր խռովության մեջ է, — շարունակեց Քերիմ-բեկը, շահը հրամայել է բոլոր զորապետներին հավաքել յուրյանց դրշունը: Մեծ Մուշտեիդն առավոտյան դուրս եկավ մեչիդից քաղաքի հրապարակը, քարոզեց ջըհաթ անել իրանց կրոնակիցներին օգնելու համար:

— Այդ լավ չեղավ մեզ համար... — ասաց Ալմաստը հուսահատ կերպով:

— Դու չես հասկանում, Ալմաստ, շատ լավ էլավ:

— Ի՞նչպես:

— Որպես քո ամուսին իշխանը, նույնպես իմ տերը — Սեր-Ասքերը՝ երկուսն էլ մեծ զորապետներ են, նրանց հրամայված է գնալ պատերազմ: Մենք երկուսս էլ ազատված կլինենք:

— Ո՞րպես:

— Այնպես որ, եթե մենք թողնենք այդ քաղաքը և հեռանանք այստեղից, էլ նրանք չեն կարող մեր ետնից ընկնել:

— Ինչո՞ւ:

— Նրա համար, որ նրանք զբաղված կլինեն յուրյանց պատերազմական գործերով: Նրանք այստեղ չեն լինի:

Ալմաստի հուսահատ դեմքը զվարթացավ ուրախության լուսով, և նա հարցրուց անհամբերությամբ.

—Բա՛, ինչո՞ւ ենք ուշանում:

—Գնանք, Ալմաստ, չուշանանք, ամեն մի րոպեն թանկ է մեզ համար, — խոսեց

Քերիմ-բեկն ոգևորված կերպով: — Գնա՛նք, մեր վրեժն առնենք այն ազգից, որոնք թափեցին մեր հոր, մեր մոր ու մեր ազգականների արյունը...

— Եվ այդքան տանջեցին մեզ... — հարեց Ալմաստը:

Սույն միջոցին երիտասարդի դեմքն ընդունեց խիստ վշտահար արտահայտություն, և նա, խորին կերպով հոգոց հանելով, ասաց.

— Այո՛, տանջեցին... իմ սիրեկան: Արդեն տասն տարի է

այս քաղաքումս ես լսում եմ պարսիկը հայի հավատքը հայհոյելիս և լռում եմ...: Ես տեսնում եմ պարսիկը հայի գլխին ծեծելիս, աչքերս խփում եմ և անց եմ կենում...: Սիրտս կրակ է կտրում, աչքերիցս արտասուքը վազում է... բայց ոչինչ չեմ կարողանում անել... որովհետև այստեղ թե լեզուս և թե ձեռքս՝ երկուսն էլ կապված են...

Ալմաստը լսում էր վերջին խոսքերը բոլորովին համակրությամբ: — Ինձ հետ էլ միշտ միևնույնն է պատահել, Մեխակ ջան, — տիկինն ընդմիջեց նրա խոսքը, — թեև ես մինչև այսօր ձևացրել եմ ինձ որպես ճշմարիտ մահմեդական, բայց դարձյալ երբ իշխանը կբարկանար ինձ վրա, իսկույն կսկսեր խաչին հայհոյել:

— Այդպես են վարվում այդ բարբարոսները հայերի հետ, — պատասխանեց Քերիմ-բեկը կրկին ախ քաշելով: — Անցյալ օր հայերի թաղովն անցա, մի քանի պարսիկներ ցերեկով մտել էին մի գինեվաճառ հայի տուն՝ խմելու համար: Այնտեղ միայն գտնում են մի մանկահասակ հարս, որը, պարսիկներին տեսնելով, փախչում է դրացու տունը: Գազանները, տեսնելով մի ութը տարեկան աղջիկ, որ քնած է լինում սենյակումը, անմեղ կուսին անգթությամբ բռնաբարում են... և նա սրտապատառ է լինում ու մեռնում է: Ես տեսա նրա անբախտ հորը, որ դստեր անպատված դիակը դրել էր մեծ վեզիրի դռանը և արդարություն էր խնդրում: Պարսիկները անցնում էին, նայում էին անմեղ զոհի վրա և ծիծաղում էին...

— Խե՜ղճ աղջիկ... — հառաչեց Ալմաստը և նրա աչքերը թաց եղան արտասուքով:

— Ա՜խ, այնքան շա՜տ է այդ ազգի կրակն իմ սրտի մեջ, — հառաջ տարավ երիտասարդը ցավալի ձայնով, — որ հազարավոր պարսիկների արյունով դարձյալ չեմ կարող մարել նրան...: Ես դեռ չեմ պատմել քեզ, սիրելի Ալմաստ, թե ինչպես գերի արեցին ինձ: Առավոտյան ժամն էր: Հայրս մի սայլ էր վարձել, ուզում էր մեզ փախցնել Կախեթ: Մին էլ տեսանք պարսիկները թափվեցան մեր տունը: Հայրս նրանց աղաչեց, թե «ինչ որ ունեմ, չունեմ ձեզ ըլի, տարեք, բայց երեխերքիս ձեռ մի տաք»: Նրանք մեր տունը թալանելուց հետո ուզում էին տանել ինձ ու իմ քույր Նինոյին: Դու հիշո՞ւմ ես, Ալմաստ, ի՜նչ սիրուն աղջիկ էր նա: Մայրս մեր երկուսին խտտել էր յուր գրկում, չէր կամենում բաց թողնել: Հայրս աղաչում էր, պաղատում էր, որ մեզ չտանեն: Նրանք չեն լսում: Երբ տեսավ ուրիշ ճար չկա, հայրս առավ խենջարը: «Քանի կենդանի եմ, — ասաց նա, — երեխերքս ձեզ չեմ տա»: Դու գիտես, Ալմաստ, հայրս քաջ մարդ էր: Էրեկլե պարոնը շատ էր սիրում նրան: Նա պարոնի առաջին որսորդն էր: Պարսիկների սուրերը փայլեցին: Հայրս կռվում էր ինչպես մի առյուծ, որի բունից խլում են ձագերը...: Պարսիկներից երեքն ընկած էին, երբ հայրս տասը տեղից վերք ստանալով թուլացավ...: Ա՜խ, ի՜նչ բան է սիրելի հոր և մոր սիրտը...: Դու գիտես, Ալմաստ, թե ո՜րքան փափկասիրտ և բարի կին էր իմ մայրը: Բայց այն սարսափելի րոպեին, երբ նրա աչքի առջև ընկած էր յուր տղամարդի արյունով ներկված դիակը, նրա սիրտը կարծես երկաթի պնդություն էր ստացել: Կատաղած առյուծի նման, նա երկար կռվում էր պարսիկների հետ և յուր թևքերի տակից չէր ուզում բաց թողնել յուր զավակները... մինչև խենջարը ցցվեցավ նրա սրտում, աչքերը փակեց և մեզ խլեցին մայրական գրկից...

Տխրության ամպերը կուտակվեցավ Քերիմ-բեկի վշտահար դեմքի վրա, արտասուքը խեղդեց նրան և ձայնը սկսեց դողալ: Նա ընդհատեց յուր պատմությունը: Ալմաստը բոլոր ժամանակը լաց էր լինում:

Երբ երիտասարդը մի փոքր հանգստացավ յուր ցավալի վրդովմունքից, շարունակեց.

— Այդ դեռ բոլորը չէ, սիրելի Ալմաստ, քրոջս վրա կռիվ եղավ, երկու զինվորներից ամեն մինն ուզում էր նրան ինքը վեր առնել: Մինը, որ աստիճանով ավելի մեծ էր, գործ դրեց յուր բռնությունը և խլեց մյուսի ձեռքից: Բայց այդ վերջինը կատաղած գազանի նման քաշեց սուրը և խրեց քրոջս կողքը... «Թո՛ղ մեռնի այդ գեղեցիկ աղջիկը, ոչ իմը լինի և ոչ քոնը»... — ասաց նա դիվական հրճվանքով:

— Եվ նա մեռա՞վ... — կոչեց Ալմաստը սոսկալով:

— Մեռա՛վ... սիրելի Ալմաստ:

— Խնդրեմ Նինո, ես կարծում էի թե նա Թիֆլիսումն է մնացել: Բայց ի՞նչպես ընկար դու Սեր-Ասքերի ձեռքը, — հարցրուց Ալմաստը արտասուքը սրբելով:

— Երբ դոշունը Թիֆլիսից դուրս եկավ, բաժանվեցավ զանազան գունդերի: Ես գերի էի մի ծեր զինվորի, որ գտնվում էր Սեր-Ասքերի մոտ մնացած զորախումբի մեջ: Դու չգիտես, Ալմաստ շան, թե ի՛նչ

մարդկանցից կազմված էր Աղա-Մահմադ-խանի դոշունի մեծ մասը: Պարսկաստանի ամեն կողմերից բախտախնդիր ավազակներ հավաքվել էին նրա մոտ: Առանց ռոճիկի և առանց թոշակի նրանք հույս էին դրել միայն կողոպուտների վրա: Ճանապարհին նրանք ուտելու հաց անգամ չունեին, հարձակվում էին հանդիպած հայաբնակ գյուղերի վրա և ինչ որ գտնում էին, բոլորը թալանում էին: Այդպես նրանք մտան Պարսկաստան: Այնուհետև, Աղա-Մահմադ խանը հրամայեց, որ պարսից գյուղորայքին չդիպչեն: Բայց մինչև Թեհրան հասնելը դեռ երկար ճանապարհ կար: Զինվորները սկսեցին վաճառել իրանց կողոպուտը և գերիները: Մի հատ ոչխարն ավելի բարձր գին ուներ, քան թե մի վրացի կամ հայի աղջիկը: Նրանք ծախում էին պարսիկներին, այնպես որ, մինչև Թեհրան հասնելը գերիների կեսը չմնաց: Իմ գերեվար զինվորը սպառեց յուր իրեղենները, միակ վաճառքի ապրանքը մնացել էի ես: Բայց նա չէր ուզում ինձանից զրկվել, զավակ չուներ: «Քեզ կթուրքացնեմ, ինձ որդի կշինեմ, — ասում էր նա»: Մի օր նա գնաց Սեր-Ասքերի մոտ, «ուտելու հաց չունեմ, ասաց, ավանակս, մինչև անգամ հրացանս ծախեցի, մնում է գերիս»: Սեր-Ասքերի աչքին դյուր եկա ես, նա տվեց զինվորին տասը կրան և գնեց ինձ:

— Տաբը կրա՛ն... — կրկնեց Ալմաստը և նրա տխուր աչքերը շողացին աղոտափայլ լուսով:

ԺԸ

Արևը վաղուց մտել էր: Դեռ Ալմաստը և Քերիմ՛բեկը, մտաբերելով յուրյանց տխուր անցյալը, խոսում էին: Մութ սենյակի մեջ բավականին թանձրացել էր, երբ Սալոմեն, ավարտելով յուր բժշկական գործողությունն ամուսնի ընկերի մոտ, ճրագը ձեռին ներս մտավ:

— Ա՛խ, աչքերս քոռանա, ես ձեզ բոլորովին խավարի մեջ եմ թողել, — կոչեց նա ափսոսելով:

— Մութի մեջ նստելն ավելի լավ էր, — խոսեց Քերիմ-բեկը, — մենք չէինք ուզում տեսնել մեկ-մեկու արտասուքը...

— Դուք լա՞ց էիք լինում...: Ա՛խ, Ալմաստ, քանի անգամ քեզ ասել եմ՝ հերի՛ք խոսես անցած բաների վրա:

— Ալմաստը չէր խոսում, ես էի խոսում... — պատասխանեց Քերիմ-բեկը:

— Անցածն անցել է, Մեխակ ջան, — հառաջ տարավ Սալոմեն, — հիմա փառք տվեք,աստծուն, որ դու և Ալմաստը կրկին մեկ-մեկու հանդիպեցաք: Մտածեցեք Թիֆլիսի վրա, որ մեկ էլ նրան տեսնեք, մեկ էլ մեր Քուռի ջուրը խմեք:

— Մենք արդեն վճռեցինք այդ:

— Ա՛խ, ի՛նչ լավ կլիներ ինձ էլ ձեզ հետ տանեիք:

— Դու կթողնե՞ս քո ամուսինը:

— Չեմ թողնի, Մեխակ ջան, ես նրան շատ եմ սիրում:

— Դու Թիֆլիսն էլ ես շատ սիրում:

— Սիրում եմ... Իսկի մտքիցս չէ գնում:

— Մարդդ էլ կտանենք, այնտեղ վանքումը կմկրտենք, նա քեզ չկարողացավ մահմեդական շինել, մենք նրան քրիստոնյա կանենք: Մարդդ իմ խոսքիցը չի դուրս գալ:

— Ի՛նչ լավ կլինի: Երնե՛կ էն օրը...: Երեխես էլ մկրտել կտամ: Քանի ժամից հետո եղավ դռան թխկոցը:

— Ով գիտե նա է: Եկավ, — ասաց Սալոմեն և դուրս վազեց: Եվ իրավ, նույն միջոցին բակի դռնից ներս մտավ մի հսկայաձև տղամարդ փաթաթված մեշեղյան այն վերարկուի մեջ: Նրա մուգ-դեղնագույն դեմքը ստանում էր ավելի ահեղ արտահայտություն աջ թշի վրա խոր ընկած սպիով, որ ձգվում էր հոնքի ծայրից մինչև ծնոտքի վերջը:

Ղաֆա՛ր բեկը — այդպես էր Սալոմեի ամուսնու անունը — յուր երկրի սովորություններին հարմար չուզեց Քերիմ-բեկի մոտ մտնել, երբ Սալոմեից իմացավ, թե այնտեղ կար օտար կին: Նա շտապեց դեպի այն սենյակը, ուր պառկած էր յուր հիվանդ ընկերը:

— Դու նամահրամ չես, — լուսամուտից ձայն տվեց նրան Քերիմ-բեկը, — ինձ մոտ գտնվող տիկինը Սալոմեի քույրացուն է:

— Այս րոպեիս ձեր սպասումը կլինեմ, — պատասխանեց ավազակապետը և մտավ մի այլ սենյակ:

Կինը գնաց նրա հետ: Նա ձգեց վերարկուն և երևեցավ զինվորված ատրճանակներով, լայնաբերան կարաբինայով և ահագին խենջարով: Սալոմեն սկսեց արձակել նրա զենքերը:

— Էլի արյո՛ւն... — Կոչեց կինը սարսափելով:

— Սուս կա՛ց, կապի՛ր թևքս, — ասաց ամուսինը:

— Էլի կռվել ես դու:

— Դու չե՞ս լռի:

Սալոմեն դողում էր ամբողջ մարմնով, տեսնելով, որ ամուսնի հագուստը բոլորը թաթախված է արյունով:

— Էդ ո՞րտեղ էլավ, — հարցրուց նա անհամբերությամբ:

— Ամեն բա՞ն պետք է գիտենաս:

— Ախա՛ր ինչու չես ասում:

— Գլուխս մի՛ տար, կապի՛ր թևքս: Սալոմեն փաթաթեց վերքը, և ավազակապետը, հագուստը փոխելով, հանգիստ և զվարթ դեմքով գնաց հյուրերի մոտ: Նրան անծանոթ չէին ո՛չ Քերիմ-բեկը և ո՛չ Զեյնաբ-խանումը: Երկուսի պատմությունը ևս նրան հայտնի էր: Նա յուր հյուրերի հետ բարևելու սովորական ծեսը կատարելուց հետո նստեց Քերիմ-բեկի մոտ: Սալոմեն մատուց նրան ծխել ղելյան, տեսնելով ամուսինը վրդովված է:

Ղաֆար-բեկն այն քաջ տղամարդերից մինն էր, որմեք նշանավոր են յուրյանց հանդուգն, աներկյուղ և վեհ բնավորությամբ: Նա ծառայում էր Սեր-Ասքերի մոտ որպես նրա թիկնապահ զինվոր: Զանազան արշավանքներում նա ցույց տվեց յուր արիությունը, որով ոչ միայն գրավեց զորապետի շնորհը, այլև Քերիմ-բեկի բարեկամությունը: Թեհրանում մի անգամ նա առևանգեց մի իշխանի կին, որի հետ ուներ գաղտնի հարաբերություններ: Իշխանուհին քույր լինելով նշանավոր պաշտոնակալի, Ղաֆար-բեկը դատապարտվեցավ գլխատման: Այն ժամանակ Քերիմ-բեկը Սեր-Ասքերի միջնորդությամբ գործ դրեց ո՛չ միայն յուր ջանքը, այլև յուր արծաթը նրան ազատելու: Ավազակապետն այն օրից յուր կյանքը պարտական է համարում Քերիմ-բեկին, որպես յուր փրկչի:

—Ի՞նչպես նասիբը հասնում է յուր նշանակությանը, — խոսեց ավազակապետը, ակնարկելով երկու վաղուցվա սիրողներին՝ Ալմաստի և Մեխակի վրա:

— Ճակատագիրը ջնջել ոչ ոք կարող չէ, — պատասխանեց Քերիմ-բեկը:

— Քերիմ-բեկը և Զեյնաբ-խանումը ուզում են Թիֆլիս գնալ, — մեջ մտավ Սալոմեն ծիծաղելով, — ինձ էլ պիտի յուրյանց հետ տանեն: Դու էլ կգաս, այդպես չէ՞, Ղաֆար:

— Անպատճառ, — պատասխանեց նա ծանր կերպով:

— Դու հանա՞ք ես անում, — հարցրուց Քերիմ-բեկը:

— Հանաք չէ՛: Ես պետք է Թեհրանից հեռանամ...

Սալոմեն բոլորովին շփոթվեցավ ուրախությունից:

— Ի՞նչ կա, — հարցրուց Քերիմ-բեկը, նկատելով ավազակապետի անհանգիստ դեմքը:

— Լոթիների (սրիկաների) ծախսի փողը հատել էր, էս գիշեր Մաշադի-Սամադ սեղանավորի սնդուկներին մի փառավոր այցելություն արեցինք...

— Ի՞նչ պատահեցավ, — անհամբերությամբ հարցրուց Սալոմեն:

— Ոչինչ: Մենք վեր առանք սեղանավորի թթված ոսկիներից որքան մեզ պետք էր: Միայն ընկերոջիցս մինը բռնվեցավ:

— Բռնվեցա՜վ... — զարհուրելով կոչեց Սալոմեն: — Նա քեզ կմատնե:

— Նա չի մատնի, եթե կտոր֊կտոր ևս անեն: Բայց ինձ ճանաչեցին:

— Վա՜յ իմ գլխին... — հառաչեց Սալոմեն և քիչ էր մնում, որ ուշքից գնա:

— Հանգստացի՛ր, կին, — ձայն տվեց ավազակապետը բոլորովին սառնությամբ: — Բայց իմ հիմար ընկերները վատ վարվեցան, — դարձավ նա դեպի Քերիմ-բեկը, — ծառաներից ոչ մինը կենդանի չմնաց, և սեղանավորին առավոտյան գուցե կթաղեն:

— Այդ վատ է... — պատասխանեց Քերիմ-բեկը, — Մաշադի-Սամադը Բարձրագույն դռան սեղանավորն է, էգուց շահը Թեհրանի բոլոր ծակումուտները խուզարկություն անել կտա: Բայց ո՞վ ճանաչեց քեզ:

— Կինը քնարանից ծածուկ դուրս էր պրծել և դեպի փողոցը ձայն էր ձգել. գիշերապահի զինվորները վրա հասան, նրանք ճանաչեցին ինձ կռվի մեջ:

Ալմաստը բոլոր մարմնով դողում էր: Սալոմեն դարձյալ չէր դադարում ախուվախ քաշելուց: Բայց ամուսինը մի կողմնակի հայացք ձգեց նրա վրա, և կինը լռեց:

— Եթե սեղանավորը լիներ մի այլ մարդ, հեշտ էր բանն ուղղել, — հառաջ տարավ ավազակապետը, — նրա ոսկիներից մի մասը կնվիրեինք մեծ վեզիրին, նա գործը կծածկեր: Բայց այժմ անհնարին է...

— Այդ ճշմարիտ է, — պատասխանեց Քերիմ-բիկը: — Բայց ի՞նչ պետք է անել:

— Ուրիշ հնար չկա, պետք է հեռանալ Թեհրանից: Այս րոպեիս կարող են պաշարել մեզ:

Վերջին խոսքը Քերիմ-բեկին նույնպես ձգեց խռովության մեջ:

— Ե՞րբ հեռանալ, — հարցրուց նա վրդովված ձայնով:

— Այս րոպեիս, ուշանալ պետք չէ, — պատասխանեց ավազակապետը նստած տեղից վեր կենալով:

— Գնա՛նք... — խոսեց Ալմաստը, — որ բոլոր ժամանակ լսում էր:

— Փախչե՛նք... — հարցրուց Սալոմեն:

— Այդպես անպատրաստ, — ասաց Քերիմ-բեկը շվարած կերպով:

— Ոչինչ պատրաստություն հարկավոր չէ, Քերիմ-բեկ, — պատասխանեց ավազակապետը, — ինչ որ ուզում ես՝ իմ տանը կա: Քաղաքի պարսպից դուրս մեկ մղոն հեռու սպասում են իմ ընկերները, նրանք ունեն յուրյանց հետ ավելորդ ձիաներ, դու և քո ընկերուհին կարող եք նստել:

— Տանդ իրեղենները պիտի թողնե՞ս, — մեջ մտավ Սալոմեն:

— Ինձ պետք է միայն մեկ բան վեր առնել, այն է այստեղ պառկած ընկերս:

— Բաս երեխա՛ս... — կոչեց արտասվելով Սալոմեն:

— Այդ քո գործն է: Թող նա գա մեզ հետ և սովորի հոր արհեստը:

— Ապա Մարջա՞նը... և Սահի՛դը, — մեջ մտավ Ալմաստը: — Նրանց կմորթեն մեր գնալուց հետո:

— Նրանք ո՞վ են, — հարցրուց ավազակապետը:

— Զեյնաբ-խանումի սպասավորը և սպասուհին, — պատասխանեց Քերիմ-բեկը:

— Նրանք էլ կարող են մեզ հետ լինել:

— Ի՞նչպե ս դուրս բերել նրանց ամրոցից:

— Այդ ճանապարհին կխոսենք, — պատասխանեց ավազակապետն շտապելով: — Սալոմե, — դարձավ նա դեպի կինը, — դու առժամանակ պետք է այդ բարակ լաթերիցդ զրկվիս: Գնա՛, փոխի՛ր հագուստդ, ծպտվիր որպես ավազակ, եթե ուզում ես մեր խմբի մեջ մտներ:

— Կարծեմ, միենույնը կիժարի անել և Ջեյնաբ-խանումը, — ասաց Քերիմ-բեկը, նայելով յուր սիրուհու երեսին հարցական հայացքով:

— Ո՞րտեղից գտնել հագուստ, — հարցրուց Ալմաստը:

— Այդ սենյակի տակում դուք կգտնեք մի ամբողջ հանդերձատուն,— պատասխանեց ավազակապետը: — Սալոմե՛, տար տիկինը այնտեղ:

Սալոմեն ճրագը վառեց, տարավ Ջեյնա-խանումին մի այլ սենյակ, այնտեղ բարձրացրեց հատակի վրա սփռած գորգը: Երևան եղավ մի տախտակամած, Սալոմեն ձեռքը մեկնեց նշմարվող դռնակին: Տախտակամածը բարձրացավ: Նրանց առջև բաց եղավ մի փոս ստորերկրյա սանդուղքներով: Սալոմեն նախ իջավ ցած և ճրագով լուսավորում էր մուտքը: Քանի րոպեից հետո նրանք հայտնվեցան ստորերկրյա սենյակում: Բորբոսահոտ խոնավությունն իսկույն զարկեց նրանց քթին: Այնտեղ թափված էին ժանգոտած զանազան մետալեղեն տնային կարասիք: Այնտեղ խառնիխուռն միմյանց վրա դիզված էին զանազան կանացի և այրացի թանկագին հագուստներ: Այնտեղ կային զենքերի ամեն տեսակները: Այնտեղ զրած էին թոփերով պես-պես աբրեշումեղեն, բրթեղեն և բամբակեղեն ապրանք: Մի խոսքով ամեն բան կարելի էր գտնել այնտեղ:

— Այդ ի՞նչ է... — զարմանալով հարցրուց Ալմաստը:

— Ամուսնիս հարստությունը, — պատասխանեց Սալոմեն ծիծաղելով:

— Ո՞վ գիտե, բոլորը գողացել է:

— Չէ՛, փող է տվել... — հեգնորեն պատասխանեց Սալոմեն: Երկու տիկինները փոխեցին յուրյանց հագուստը, զինվորվեցան ատրճանակներով և խենջարներով և այնպես ծպտյալ կերպով դուրս եկան, ամեն մինը ձգած ունելով յուր բազուկի վրա մի վերարկու:

— Հիմա ձեզ չէ կարելի որոշել նորահաս սրիկաներից, — ասաց ավազակապետը, հետաքրքիր աչքերով չափելով երկու տիկինները, որոնք նույն հագուստով ավելի գեղեցիկ էին:

— Հիմա դրանց հետ կարելի է ամեն տեղ գնալ, — ավելացրեց Քերիմ՛ բեկը:

— Ուրեմն դեպի ճանապարհը, — պատասխանեցին տիկինները, որոնք կարծես մի նոր քաջազնական հոգի էին ստացել:

Սալոմեն մոտեցավ յուր երեխայի օրորոցին, առեց քնած երեխան, փաթաթեց շալով, ծածկվեցավ յուր վերարկվի մեջ և նրա տակով սեղմեց երեխան յուր կուրծքին:

— Դուք ձեր տան իրեղենները բոլորը թողնում եք, — դարձավ Քերիմ-բեկը դեպի ավազակապետը:

— Բոլորը, — պատասխանեց նա: — Կավկազում պատերազմ կա, Քեբիմ-բեկ, ռուսները կռվում են պարսիկների հետ, այնտեղ իմ մանգաղին առատ հունձք է սպասում...:

— «Գայլը միշտ թղպած օրն է սիրում... » :

— «Իսկ գողը — մթին գիշերներ»... — պատասխանեց ավազակապետը: նրանք դուրս գնացին:

Նրանք արդեն դռանն էին, երբ ավազակապետը դարձավ դեպի տնակը. մի րոպեում սատանայի պես անցավ բոլոր սենյակները, հետո մտավ հիվանդի մոտ, կրեց նրան ուխի վրա և հանեց դուրս:

— Բարեկամ, — ասաց նա վիրավորին, — քեզ ստիպված եմ տեղափոխել մի այլ տուն:

— Ո՞րտեղ, — հարցրուց վիրավորը թույլ ձայնով:

— Քո սիրուհու Զահրայի տունը, նա կխնամե քեզ:

— Իսկ դո՞ւ:

— Ես առժամանակ քեզանից բաժանվելու եմ...

Ավազակապետի տունը գտնվելով քաղաքի պարսպի մոտ, խրամատի վրա նրանք իսկույն իջան փոսը և անցան մյուս կողմը:

Քառորդ ժամ չէր անցել, երբ Սալոմեն հետ նայեց դեպի քաղաքը, տեսավ ահագին հրդեհ:

— Էդ ի՜նչ կրակ է, աստված, — կոչեց նա սարսափելով:
— Մեր տնակը, — պատասխանեց ավազակապետը:
— Ի՞նչ արիր...
— Այրեցի...

ԺԹ

Գիշերվա կեսն էր: Լուսնի եղջյուրն անհետացավ լեռան հետքում, և մութը պատեց բոլոր առարկաները: Ավազակապետն յուր նոր ընկերների հետ անցան լայնատարած գերեզմանատնից և հասան մի մատուռի, որ կանգնած էր դամբարանների մոտ:

— Քերիմ-բեկ, այդ մատուռի մեջ մի փոքր սպասեցեք, մինչև ես իմ բեռից կթեթևանամ:

Այդ ասելով, ավազակապետը, ուսին կրած ընկերը հետը տանելով, աներևութացավ խավարի մեջ: Քերիմ-բեկն երկու տիկինների հետ թաքնվեցան մատուռի մեջ:

— Հիմա մենք բախտավոր ենք, — ասաց Ալմաստն ուրախ ձայնով, գրկելով Մեխակի պարանոցը:

Քերխմ-բեկը պատասխանեց այդ խոսքերին մի տաք համբույրով:

— Երանի՜ այն օրին, երբ այդպես կգրկեինք միմյանց Թիֆլիսում... — ասաց նա:

— Ես սպասում էի մի այլ խոսքի... — պատասխանեց տիկինը խորհրդական ձայնով:

— Երբ ես ամուսին, իսկ դու իմ կինը կլինեիր, — ավելացրեց երիտասարդը:

Ալմաստը գլուխը դրեց յուր սիրեկանի գրկումը, կարծես, գիշերային խավարի մեջ նա աշխատում էր թաքցնել յուր վառված դեմքը:

Սալոմեն ընդհատեց այդ սրբազան լռությունը. — Ղաֆարը կլիներ ձեր խաչեղբայրը պսակի ժամանակ:

— Իսկ դո՞ւ, — հարցրուց Ալմաստը:

— Ես էլ ձեզ համար ղեյլան կպատրաստեի, Թեհրանի բամբասանքներր կանեի:

— Դու աղջիկ ժամանակդ էլ մեզ օգնում էիր, Սալոմե:

— Մի՞տդ է, Ալմաստ, մի օր Մեխակը խուրմա էր ուղարկել քեզ, ես բերեցի, թաքուն քեզ տվի:

— Այն, որ կես ճանապարհին գողացել էիր — ասաց Ալմաստը ծիծաղելով:

— Հա՛, լավ միտս եկավ, դու էլ ծեծեցիր ինձ դրա համար: Սույն միջոցին Սալոմեի երեխան ծվաց:

— Խե՛ղճ երեխա, նա չէ իմանում ուր են տանում իրան, թե չէ նա էլ մեզ պես կուրախանար...

Մինչ դրանք, մատուռի մեջ յուրյանց ազատությունով և ապազա հույսերով ուրախանում էին, ավազակապետը հասավ քաղաքից փոքր-ինչ հեռու արվարձանին: Այնտեղ կանգնեց նա մի տան առջև, որ ուներ փոքրիկ պարտեզ, դռան մուրճը զարկեց, շների հաչելու ձայնից զարթեցավ մի դեռահաս աղջիկ, որ միայնակ քնած էր յուր սենյակում: Չսպասելով մինչև դռան բացվիլը, ավազակապետը ցատկեց պարտեզի շրջապարսպից և յուր բեռը իջուց մյուս կողմը: Նույն րոպեին փոքրիկ սենյակի շեմքի վրա երևան եղավ դեռահաս աղջիկը ճրագը ձեռին, գիշերվա հագուստով:

— Ո՞վ ես, — հարցրուց նա վրդովված ձայնով, որովհետև ճրագի լույսն արգելում էր տեսնել խավարի մեջ եկվորեն:

— Ես եմ, — պատասխանեց ավազակապետը:

Այդ ձայնը ծանոթ էր օրիորդին, նա իսկույն լուսավորեց յուր կացարանի մուտքը և ներս հրավիրեց ավազակապետին:

— Ռուստամից մի խաբա՞ր... — եղավ օրիորդի առաջին խոսքը:

— Ահա , բերել եմ նրան... — ասաց ավազակապետը և յուր շալակած բեռը դրեց օրիորդի քնաշորերի վրա:

— Ա՛ռ, — մեկնեց նա դեպի օրիորդը մի քսակ, — և խնամք տա՛ր այն տղամարդին, որին սիրում ես:

Օրիորդը, փոխանակ առնելու քսակը, տեսնելով

վիրավոր երիտասարդի արյունաքամ եղած և դալկացած դեմքը, արձակեց մի ցավալի հառաչանք և գրկեց նրան:

Ավազակապետը դրեց նրա մոտ արծաթի քսակը և շտապելով դուրս գնաց, այդպիսի խոսքերով.

— Զահրա՛, խնամք տար Ռուստամին, դա քո սիրելին է և իմ քաջ ընկերներից մինը: Մնացեք բարյավ, գուցե այլևս չտեսնվենք:

Դուրս գալով գեղեցիկ օրիորդի սենյակից, ավազակապետը քառորդ ժամի մեջ հասավ մատուռին:

— Գնանք, — ասաց Քերիմ-բեկին:

Գիշերային փախստականները կրկին ճանապարհ ընկան: Կես մղոն անցել էին, երբ հասան մի հին ամրոցի ավերակներին: Ավազակապետը շվացրուց, հեռվից պատասխանեցին միևնույն ձայնով:

— Այստեղ են... — ասաց նա և հառաջ գնաց:

Մի ստորերկրյա, գետնափոր խորանի ծակից, որ պատած էր բաղերով և մացառներով, աղոտափայլ լույսը նեղ ժապավեններով դուրս էր շողացել գիշերային խավարի մեջ: Ավազակապետը մոտեցավ ծակին և խորհրդավոր նշանախոսությամբ ձայն արձակեց, և իսկույն դուրս սողացին երեք գլուխներ:

— Ո՞ւր է Հաշիմը, — հարցրուց ավազակապետը:

— Այնտեղ ձորի մեջ ձիաներն է արածացնում, — պատասխանեց մինը:

— Նա թո՛ղ մնա այնտեղ, — հառաջ տարավ ավազակապետը, — իսկ դուք, Ալի, Սամադ, Ասադ, այդ երկու հոգին, — ցույց տվեց նա Ալմաստի և Սալոմեի վրա — կպահեք ձեզ մոտ: Ճանաչում ե՞ք ովքեր են, մինն իմ կինն է, իսկ մյուսը նրա քույրը:

— Մեր աչքի լույսի պես կպահենք, — պատասխանեցին ավազակները:

— Ես կդառնամ մեկ ժամից հետո, իսկ եթե ուշացա, դուք, այդ երկու հոգին ձեզ հետ առնելով, կանցնեք N...ի ձորը, այնտեղ կսպասեք ինձ:

— Դու ո՞ւր ես գնում, — հարց արին նրանից:

— Այդ պարոնի հետ պիտի դառնամ քաղաքը, — ցույց տվեց նա Քերիմ-բեկի վրա:

— Մեզանից ո՛չ մինը քեզ հարկավոր չի՞ լինի:

— Դա բավական է:

Երբ ավազակապետը և Քերիմ-բեկը կամենում էին հեռանալ, Ալմաստը մոտեցավ և ասաց նրան.

— Զուշանաս, Մեխակ ջան, ինձ մենակ չթողնես. Մարջանին և Մայիդին բեր հետդ:

— Նրանց համար ենք գնում, — պատասխանեց Քերիմ-բեկը, — շուտով կդառնանք:

Ի

Ավազակապետը Քերիմ-բեկի հետ, դառնալով դեպի քաղաքը, գտան դարվազաները կողպված:

— Ո՞րտեղից մտնենք, — հուսահատությամբ հարցրուց Քերիմ-բեկը:

— Հեշտ է, է՛կ, — ասաց ավազակապետը, և մինչև հիսուն քայլ բոլորեց շրջապարիսպը և կանգնեց պատի մոտ:

Նա արձակեց յուր մեջքից երկայն մետաքսյա պարանը, որի գլխին ամրացուցած էր արճիճից մի գնդակ:

Ձգեց գնդակը դեպի վեր, պարանը բռնեց պարսպի ատամնավոր բարձրությունից, իսկ արճիճն իջավ ցած: Ավազակապետը պարանի երկու ծայրերը ձեռքին բռնելով, սարդի արագությամբ վեր բարձրացավ պարսպի վրա: Այնուհետև նա կրկին իջեցրեց պարանը և Քերիմ-բեկը հետևեց նրա օրինակին: Մի րոպեից հետո երկուսն էլ պարսպի վրա էին: Այնուհետև նույն մետաքսյա սանդուղքի միջոցով նրանք իջան պարսպի մյուս կողմը:

Անցնելով նեղ, ոլոր-մոլոր շուկաներից, շուտով նրանք հայտնվեցին իշխանի ամրոցի մոտ:

— Այժմ ի՛նչպես դուրս կանչել այդ սևերին, բոլոր դռները փակ են, — ասաց Քերիմ-բեկը:

— Թե քնած չլինեն, հեշտ է, — պատասխանեց ավազակապետը:

— Ի՞նչպես:

— Ես նրանց լեզուն գիտեմ...: Եկե՛ք:

Նրանք անցան հարեմխանայի պատի կողմը, որտեղից մոտ էր Զեյնաբ-խանումի կացարանը: Ավազակապետը սագի սուր — ծղական ձայնով երեք անգամ նշան տվեց: Ամրոցի խորքից պատասխանեցին միևնույն ձայնով:

— Հասկացան, — ասաց ավազակապետը հազիվ լսելի ձայնով:

— Այստեղ սպասե՞նք:

— Մի՛ շարժվի ր:

Քանի րոպեից հետո խավարի միջից երևան եղավ մի ստվեր: Դա Սայիդն էր: Քերիմ-բեկը հայտնեց նրան բոլորը: Եթովպացին ուրախությունից արձակեց մի տեսակ հառաչանք, որ ավելի նման էր թռչունների ծվծվոցին:

— Դուք այդ դռանը սպասեցեք, — ցույց տվեց նա և հեռացավ:

Նրանք մոտեցան այն դռանը, որ ուղիղ բացվում էր հարեմխանայի մեջ: Իսկ Սայիդը ներս գնաց այն մուտքով, որտեղից որ եկել էր:

Քանի րոպեից հետո, նրանք լսեցին դռան հետևից մի այդպիսի խոսակցություն.

— Բաց արա՛ դուռը:

— Ի՞նչու:

— Կախարդը գալիս է:

— Ա՛խ, այդ անիծված կախարդը հանգստություն չէ տալիս... — ասաց քնաթաթախ դռնապանը և դժգոհությամբ սկսավ դարձնել բանալիները:

Դռները բացվեցան: Ավազակապետը և յուր ընկերը հետ քաշվեցան:

— Ո՞ւր է կախարդը, — հարցրուց դռնապանը:

— Մենք գնում ենք նրան կանչենք, — ասաց Սայիդը։

— Հրամայված է ոչ ոքին դուրս չթողնել, մինչև ներքինապետն ինքը թույլ չտա։

— Զեյնաբ-խանումն ինքն ուղարկեց մեզ։

— Չեմ կարող։

Մինչ նրանք այդ վիճաբանության մեջ էին, ավազակապետը վրա հասավ։ Նա մի կողմ հրելով դռնապանին, — դուք գնացեք, — ասաց Սայիդին ու Մարջանին։

Խափշիկը և եթովպացին դուրս վազեցին։ Դռնապանը փորձ փորձեց հարա տալ, բայց իսկույն ավազակապետի դաշույնը ցցվեցավ նրա կոկորդի մեջ, և ներքինին գետին գլորվեցավ։

— Հիմա նա կպոռա և բոլոր ամրոցը մեր գլխին կհավաքե, — ասաց Մարջանը դողալով։

— Նա էլ ձայն չի հանի... Գնա՛նք, — պատասխանեց ավազակապետը։

Երբ բավականին հեռացան ամրոցից, նրանք պետք է անցնեին Սեր-Ասքերի դռնից։

— Ես պետք է գոնյա վերջին անգամ մտնեմ այստեղ, — ասաց Քերիմ-բեկը։

— Ի՞նչ կա, — հարցրուց ավազակապետը։ — Ժամանակ ենք կորցնում։

— Շուտով դուրս կգամ։ Պետք է վեր առնել մի քանի բաներ։

— Թե փողի համար է, մեզ մոտ կա, որքան ուզես։

— Չէ՛, ես չեմ կարող թողնել զենքերս և ձին։

— Գնա՛։ Քեզ կսպասենք քանդված մզկիթի մոտ։

Քերիմ-բեկը, մոտենալով Սեր-Ասքերի դռանը, պահապանները ճանաչեցին նրան, իսկույն բաց արին մուտքը։ Նա դիմեց դեպի յուր կացարանը, ո՛րքան մեծ եղավ նրա զարմանքը, երբ գտավ յուր սենյակը ներսից կողպված։ Նա հեզիկ զարկեց դուռը, լսելի եղավ մի քնքուշ ձայն, որ ավելի նման էր մետալական հնչումի: Դուռը բացվեցավ, երիտաասարդը ներս մտավ: Խավարի մեջ երկու ձեռք փաթաթվեցան նրա պարանոցով... ջերմ շրթունքները սեղմվեցան նրա թշին և մի էակ ընկավ նրա գիրկը...

Երկար նրանք մնացին այդ անբարբառ հոգեզմայլության մեջ, մինչև երիտաասարդը ազատվեցավ նրա գրկից, վառեց ջրագը:

Քերիմ-բեկի սենյակում գիշերային հսկողը Սեր-Ասքերի դուստրն — օրիորդ Մահին էր:

— Ա՛խ, Մահի, դո՜ւ, այս կեսգիշերի՞ն... ա՞յստեղ... — ձայն արձակեց երիտաասարդը:

— Ամբողջ օրը քեզ չէի տեսել, միշտ աչքս քեզ էր պտրում... — պատասխանեց օրիորդը վշտալի ձայնով:

— Ի՞նչպես եկար այստեղ:

— Հայրս, մայրս քնեցին, իմ քունը չէր տանում, կամաց սենյակից դուրս եկա, կտուրի վրայից անցնելով՝ մտա այստեղ:

— Բայց եթե ես չգա՞յի:

— Ես կմնայի այստեղ և մինչև առավոտ լաց կլինեի:

Եվ իրավ երիաասարդը նկատեց, որ արտասուքը դեռ չէր չորացել օրիորդի աչքերից:

Երիտաասարդն ընկավ սարսափելի խռովության մեջ: Երկու հակառակ վրդովմունք սկսան հուզվիլ նրա սրտում:

Այդ սիրո փոթորիկն էր...

Նույն րոպեին երկու պատկերներ նկատվեցան երիտաասարդի աչքի առջև, մինը — դեռահաս և կրակոտ Մահին, մյուսը — վշտալի և անբախտ Ալմաստը, որ ավազակների խումբի մեջ սպասում էր նրան: Որի՞ն տալ գերազանցությունը: Քերիմ-բեկը ընտրել էր վերջինը և հաստատ մնաց յուր ընտրության մեջ: Բայց մի միտք միայն տանջում էր նրան, թե ի՞նչպես հեռացնել Մահիին, որ ինքը կարողանա դուրս գնալ: Նա սկսեց կրել յուր զենքերը:

Օրիորդը, տեսնելով նրա անհանգիստ դեմքը, հարցրուց.

— Դու տխուր ես, Քերիմ, դու մի տեղ ուզում ես գնալ:

— Հա՛, Մահի ջան, այս րոպեիս վատ լուր հասավ ինձ, ավազակները հարձակվել են մեր մոտակա գյուղի վրա, շտապում եմ օգնության հասնել խեղճ գյուղացիներին:

Այս խոսքերը ցավալի կերպով ազդեցին օրիորդի սրտին:

— Ո՛վ գիտե, կսպանեն նրանց... — ասաց նա դո դալով:

— Կսպանեն և ամեն ինչ կկողոպտեն:

— Հորս չե՞ս հայտնում:

— Չեմ ուզում նրան անհանգստացնել:

— Հա, այդպես, մի նեղացրու հորս, առավոտյան նա ճանապարհ պիտի գնա:

Վերջին խոսքը շարժեց երիտասարդի հետաքրքրությունը:

— Ո՞ւր պիտի գնա, — հարցրուց նա:

— Չեմ իմանում, մայրս ասում էր պատերազմ կա, պիտի գնա յուր դոշունի հետ:

Երիտասարդը հասկացավ Սեր-Ասքերի Թեհրանից հեռանալու պատճառը: Նա պատրաստ էր:

— Դո՛ւ գնա, Մահի ջան, թող քեզ չտեսնեն, ես ուզում եմ կանչել ծառային, — ասաց նա, օրիորդի փոքրիկ ձեռները առնելով յուր ափի մեջ:

— Էգուց գիշեր էլ կգամ, — խոսեց օրիորդը ժպտելով:

— Եկ, ես այստեղ կլինեմ:

— Տե՛ս, չխաբե՛ս:

— Չեմ խաբի՛ ...

Օրիորդը կրկին ընկավ երիտասարդի գիրկը: Քերիմ բեկը քաղեց նրա թշերից յուր վերջին համբյուրները...

Մահին հեռացավ: — Տե՛ս, կգամ ես հենց էս ժամուն, — ասաց նա դռնից կրկին անգամ նայելով երիտասարդի վրա:

«Խե՛ղճ աղջիկ...» — խոսեց յուր մտքում երիտասարդը, և նրա դեմքը պատեցին տխրության ամպերը...

Քերիմ-բեկը կանչեց յուր ծառային, որ քնած էր նախասենյակում:

— Գնա՛, շուտով իմ ձիերը երկուսն էլ թամքիր, — հրամայեց նրան:

Քնահարամ ծառան աչքերը տրորելով վազեց դեպի ախոռատուն: Քերիմ-բեկը առավ յուր փոքրիկ խուրջինը, մոտեցավ մի արկղի, հանեց նրանից մի քանի ծանր քսակներ: — Սև օրվա համար հարկավոր կլինի, — ասաց և գրեց խուրջինում:

Շուտով դարձավ ծառան և հայտնեց, թե ձիերը պատրաստ են:

— Վե՛ր առ այդ խուրջինը:

Երկուսը միասին դուրս գնացին: Խուրջինը կապեցին ձիու մեջքի վրա, երիտասարդը հեծավ: Իսկ ծառան հարցրուց.

— Հրամայում եք, այդ մյուս ձին ես նստեմ և ձեզ հետ գամ:

— Չէ՛, — պատասխանեց երիտասարդը: — Տո՛ւր ինձ սանձը:

Նա առավ մյուս ձիու սանձը, և հետքից քարշ տալով, աներևութացավ խավարի մեջ:

ԻԱ

Քերիմ-բեկը շուտով հասավ քանդված մզկիթին, ուր ավազակապետը սպասում էր նրան:

— Բարեկամ, ուշանում ենք, — ասաց նա, — դուք ցած եկեք ձիուց, — թո՛ղ սևերը նստեն, մինչև քաղաքից դուրս գանք:

Քերիմ բեկը մտածելով, որ առանց խորհրդի չէր այդ առաջարկությունը, ձիաների երկուսն էլ հանձնեց սևերին: Նրանք ճանապարհ ընկան: Գիշերը հանդարտ էր և հովասուն: Շների խառնաձայն հաչելու ձայնը միայն ընդհատում էր տիրող լռությունը:

Դուրս գալով բազարի միջից, նրանք տեսան ուղղակի

յուրյանց առաջ էին գալիս մի խումբ գիշերապահ զինվորներ: Զարտուղել ճանապարհը չէր կարելի:

— Այդ անպիտանների հետ կհարկավորի ծեծվել: Դուք քանի՞ կրակ ունեք, — հարցրուց ավազակապետը Քերիմ-բեկից:

— Երկու զույգ ատրճանակներ դոտիումս, երկուսն էլ թամբի վրա, մի հատ կարաբինա, — պատասխանեց նա:

— Բավական է:

— Մի զույգ էլ ես ունեմ, — պատասխանեց Սայիդը:

— Դու քո ընկերուհու հետ միայն պահեք ձիաները, — ասաց ավազակապետը:

Գիշերապահները մոտեցան:

— Գիշերվա անո՞ւնը, — հարցրուց նրանցից մինը:

— Անցե՛ք, — ձայն տվեց ավազակապետը:

— Դարուղան հրամայել է բռնել, ով կհանդիպե: Երեք ժամ առաջ կողոպտեցին Բարձրագույն դռան սեղանավորի տունը:

— Մենք ավազակներ չենք:

— Ուղիղ մարդը հիմա չի ման գա, այն ևս առանց լապտերի:

— Կնի՛կ էլ ունեն յուրյանց հետ, ձայն տվեց մի այլը:

— Մեկ խոսքով, ի՞նչ է ձեր միտքը, — հարցրուց ավազակապետը հառաջ գնալով:

— Դուք ընկերիդ հետ և այդ խանումի հետ, — ցույց տվեց պահապանների առաջնորդը Մարջանի վրա, — շնորհ կբերեք մոտավոր դարավուլխանան, այնտեղ մեզ հյուր կլինեք, մինչև առավոտը դարուղան կտեսնե ձեզ:

Այդ առաջարկությունը մահու խնդիր էր, թե ավազակապետի և թե նրա ուղեկիցների համար: Այդ պատճառով նրանք վճռեցին մինչև վերջին շունչը ընդդիմանալ:

— Պարոն, քո արյունը կարծես ծանրություն է անում, — պատասխանեց ավազակապետը սառնությամբ:

— Այդ ուղիղ է, այս տարի երակս չեմ կտրել:

Ավազակապետը վերարկուն առավ յուր վրայից, փաթաթեց ձախ թևքը, յուր համար վահանակ շինեց, և սուրը մերկացնելով, հրավեր կարդաց`

— Հրամայեցեք:

Գիշերապահները գազանի նման հարձակվեցան: Նրանք թվով ութը հոգի էին: Կռիվը տաքացավ: Սայիդը վայր իջավ ձիուց, սանձը հանձնեց Մարջանին և պատվիրեց, որ հեռու կենա կռվողներից: Նույն միջոցին ավազակապետը, յուր սուրը դուրս քաշելով գիշերապահների մեծավորի կուրծքից, ասաց.

— Ամենաիմուտ դալլաքը այդպես արյուն չէր կարող առնել քեզանից:

Նա ձայն չհանեց և թավալվեցավ գետին: Երկու հոգի հարձակվեցան Քերիմ-բեկի վրա, նա յուր դաշույնով ծակեց մինի դողքը և ճեղքեց մյուսի գլուխը: Առաջինն ընկավ, բայց վերջինը քիչ էր մնում հարվածեր երիտասարդին, երբ Սայիդի ատրճանակը ծխաց նրա կուրծքի մեջ:

Քերիմ-բեկը տեսավ, ավազակապետը շրջապատված էր մի քանի հոգիով և կատաղի կերպով պաշտպանում էր յորյանց: Նա առյուծի պես գետին գլորեց մինին, որ պատրաստվում էր յուր հրացանը արձակել ավազակապետի վրա: Նույն միջոցին թիկունքից ստացավ մի նոր հարված, բայց կռվի տաքության մեջ ոչինչ չզգաց: Նա հետ դարձավ, երբ զարկողը ուզեց կրկնել յուր հարվածը: Քերիմ-բեկի ատրճանակը որոտաց, հակառա կորդը ընկավ:

— Ես վերջացրի իմ գործը, — մոտենալով ասաց ավազակապետը երիտասարդին:

— Իսկ դրա՞նք, — հարցրուց Քերիմ-բեկը:

— Թող գնան, խեղճ են...

Եվ իրավ գիշերապահներից երեքը տեսնելով յուրյանց ընկերներից հինգն ընկած, թողեցին և փախան:

— Այժմ նստիր ձիուդ, — խոսեց ավազակապետը, ինքն

հեծնելով մյուս ձիու վրա: Սների ամեն մինը առնենք մեր ձիու զավակը:

Նուտով հասան նրանք քաղաքադռներից մինին, որ փակ էր: Դռնապանը երկար ընդդիմանում էր չբաց անել, բայց Քերիմ-բեկը դնելով նրա ձեռքը մի քանի հատ ոսկի, նա հոժարացավ կեղծել յուր պարտավորությունը:

Նրանք բավականին հեռացել էին քաղաքից, երբ Մարջանը, որ նստած էր Քերիմ՛բեկի հեծած ձիու զավակին, հանկարծ ձայն արձակեց:

— Արյո՞ւն է հոսում...

— Ո՞րտեղից, — հարցրուց Քերիմ-բեկը շփոթվելով և ձեռքը տարավ դեպի մեջքը, տեսավ, հագուստը թաց էր եղած:

Ավազակապետը մոտեցավ հարցնելով՝ ի՞նչ է:

— Ոչինչ, — պատասխանեց Քերիմ՛բեկը: — Ո՞ւնես քեզ հետ խանզարութ :

— Ես առանց դրան չեմ լինում, — ասաց ավազակապետը,ձիուցը վայր իջավ:

Նա վառեց կծկած մոմպատը, որ գրպանումը ուներ և շուտով փաթաթեց Քերիմ՛բեկի վերքը:

— Քաջը լա՛վ է դիպցրել, — ասաց ավազակապետը, — բայց անվնաս է:

— Աղան էլ մի լավ գնդակ ուտեցրեց այն քաջին, — վրա բերեց Սայիդը:

Նրանք կրկին հեծան ձիաները և շարունակեցին ճանապարհը դեպի Կ... ամրոցի ավերակները: Արշալույսը դեռ նոր սկսել էր շառագունիլ, երբ նրանք հասան ամրոցին: Ավազակապետը գտավ յուր ընկերներին բոլորովին պատրաստ:

Ալմաստը, տեսնելով Քերիմ-բեկին, վազեց նրա առաջ: Նա ուրախացավ, երբ տեսավ Մարջանին և Սայիդին: Բայց թե խափշիկը և թե եթովպացին երկուսն էլ սկզբից չկարողացան ճանաչել յուրյանց տիրուհին ծպտյալ հագուստով: Խափշիկը տվեց Ալմաստին մի գեղեցիկ արծաթյա արկղիկ, ասելով.

— Ձեր աղախինը չմոռացավ յուր հետ բերել: Ալմաստը ուրախությամբ առեց արկղիկը:

— Այդ ի՞նչ է, — հարցրուց Քերիմ-բեկը:

— Իմ բոլոր հարստությունը, իմ գոհարեղենները: Քերիմ-բեկը ծիծաղելով առեց արկղիկը, դրեց յուր խուրջինը:

— Մասլահաթի ժամանակ չէ, — լսելի եղավ ավազակապետի ձայնը, — գնանք, լուսանում է:

— Քերիմ-բեկն յուր հետ բերած ձին տվեց Ալմաստին, երկու ձիաներ ևս որոշեցին Սայիդի և Մարջանի համար: Նրանք ճանապարհ ընկան դեպի յուրյանց բնիկ հայրենիքը — դեպի Հայաստան...

ԵՐԿՐՈՐԴ ՄԱՍՆ

Ա

Անցել էր երկու ամիս:

Մթին գիշեր էր: Կայծակը փայլատակում էր: Որոտը սարսափելի կերպով թնդեցնում էր սարերը և երկինքը անձրևում էր հեղեղի պես:

Արարատի լեռներում, մի ձորի մեջ, մի ահագին այր (մաղարա) վաղեմի ավանդությամբ նշանավոր էր որպես մենարան, ուր աշխարհի շշուկից հեռացած մի աբեղա հանձնել էր իրան աստծուն: Իսկ երբ ճգնավորների դարը անցավ՝ այդ քարանձավը շատ անգամ ծառայում էր հովիվներին որպես պատսպարան նրանց ոչխարներին սաստիկ մրրիկից: Բայց այն գիշերը նա յուր կամարների տակ ընդունել էր բոլորովին այլ տեսակ հյուրեր: Նրա մեջ մի քանի հատ փայտեր, միմյանց վրա դրված, վառվում էին: Խարույկի աղոտափայլ լուսով կարելի էր որոշել մի քանի երիտասարդներ, որոնք բոլորել էին կրակի շուրջը: Արևից այրված, ցրտից սևացած դեմքերը ցույց էին տալիս, որ այդ մարդիկը, երկար ժամանակ բացօթյա մնալով, ենթարկվել էին եղանակների խստություններին: Նրանց երեսների վրա նկարված էին համարձակ և հանդուգն որսորդների անձնավստահությունը, կամ որևիցե հանցանքի համար հասարակական կյանքից զրկված թափառական սրիկաների վայրենությունը:

Դրանք ավազակներ էին թվով մինչև քսան հոգի:

Նրանցից մի քանիսը իրանց անձրևից թրջված զենքերն էին ցամաքեցնում, մյուսները չիբուխ էին ծխում, ոմանք յափունջիները գլխներին քաշած քնել էին սառը գետնի վրա, իսկ շատերը կտրատելով մի կողմ ընկած ահագին վարազի փափուկ մսերից, շարում էին հրացանների սումբրաների վրա, խորովում և ուտում էին:

Քարանձավի մուտքի առջև կանգնած էին նրանց թամքած ձիաները և կրծոտում էին իրանց սանձերը: Ահագին ապառաժը, որ թեքված էր այրի վրա՝ պահպանում էր ձիաները անձրևից:

— Դե՜, սատկի՜ր, դե՜ սատկի՜ր... — ձայն տվեց պառկածներից մինը քնի միջից:

— Նա երազումն է, — խոսեց նստողներից մինը:

— Կարծում է թուրքը դեռ կենդանի է, որի գլուխը էսօր թըռցրեց յուր սրով, — ավելացրեց մյուսը:

— Ամա՜ խփե-ց նա՜ ... — ասաց մի այլը և ձեռքը մեկնեց յուր մոտի նստողին, խլեց շամփուրից խոզենու խորովածը և տաք-տաք կոխեց յուր բերանը:

— Տո, քա՞նի ուտես, խոմ գել չե՞ս, — ասաց մյուսը, հետ քաշելով յուր շամփուրը:

— Էդ ամենը խոմ քեզ չեն տալ, — պատասխանեց մյուսը ծիծաղելով:

Սույն միջոցին այրի խորքից լսելի եղավ խորին հառաչանք: Կրակի աղոտափայլ լուսով, որ հազիվ էր հասնում այնտեղ նշմարվում էր վայրենի կերպարանքով մի մարդ, որ կապված էր ձեռքերից և ոտքերից:

Լսելով հառաչանքը՝ ավազակներից մինը դարձավ դեպի այդ մարդը. — Մաշադի, — ասաց նա թուրքերեն լեզվով, — խոզի խորոված կո՞ւտե ս:

Մաշա դին ոչինչ չպատասխանեց, միայն լի բարկությամբ խորին կերպով հոգոց հանեց:

— Նա չի ուտի, — ասաց մյուսը հեգնական ծիծաղով, — Մուհամմեդը կխռովի:

— Նա հայի միս կուտի, — կրկնեց մի այլը:

— Մենք էլ նրա միսը վաղ առավոտյան կձգենք մեր ձորի գիլաներին... — հառաչ տարավ առաջին ավազակը:

— Ի՞նչ լավ նախաճաշիկ կունենան:

Թուրք կալանավորը դարձյալ ոչինչ չպատասխանեց, կրկին արձակեց մի դառն հառաչանք:

Մինչ նրանք այդ զվարճության մեջ էին՝ հեռվից լսելի եղավ հրացանի ձայն, որի արձագանքը կրկնվեցավ այրի միջից:

— Տղերք, Մեխակն է, — ասացին ավազակները միաձայն, և ամենի դեմքի վրա նկատվեցավ ուրախության նման մի բան:

Նրանցից մինը դուրս գնաց և արձակեց յուր ատրճանակը: Ձիաները ամենևին չխրտնեցան նրա ձայնից, որովհետև նրանց ականջները վաղուց սովորած էին այդպիսի թնդյուններին...

Քառորդ ժամից հետո լսելի եղան ձիերի ոտնաձայներ և հինգ հոգի իջան այրի մուտքի առջև: Նրանք յուրյանց յափունջիները ձգեցին քրտնած ձիերի վրա, երկաթե ոտնակապերով բխովեցին նրանց և ներս մտան:

— Բարով, Մեխակ ջան, ողջույն, տեր-հայր, — լսելի եղավ ամենի բերանից:

— Քանի անգամ ասել եմ ինձ այդպես չկանչեք, — խոսեց եկվորներից այն, որին «տեր-հայր» էին ասում և մոտեցավ կրակին, սկսավ ձեռքերը տաքացնել:

Նա մի տղամարդ էր միջահասակ, հաստ ու պինդ կազմվածքով, լայն թիկունքով և մինչև աչքերը մազով պատած երեսով:

— Քո օծյալ աջին մատաղ, — պատասխանեց ավազակներից մինը լի ջերմեռանդությամբ, — նրա շնորհին է մեզ պահում:

— Ես այս րոպեին ձեր ընկերն եմ, երբ խաչի տեղ սուր եմ կրում, — պատասխանեց քահանան, և չնայելով այն պատկառանքին, որ ընկերները ցույց էին տալիս նրան:

Հրացանը մի կողմ դրեց և նստեց կրակի մոտ: Մեխակը շատ էր փոխվել, դեմքը բոլորովին այրվել մուգ գույն էր ստացել, ձեռքերը կոշտացել էին, և երեսի մազերը, որ առաջ ածելում էր, թանձրացել և խիտ մորուք էին կազմել: Թեհրանի թիրմա շալերից և գույնզգույն, նուրբ աբրշումի գործվածքներից հագուստների նշանն անգամ չէր երևում նրա վրա: Թարաքամի ահագին փափախը, լեզգու մոխրագույն շալից չերքեզկան, մինչև վիզը կոճկած սև ղադաքի արխալուղը, բարձր վզերով, երկաթի կրունկներով, ոտքերին սեղմված Երևանի լափչիքը՝ տալիս էին նրա վայելուչ հասակին մի կերպարանք, որ սկզբից ծնեցնում էր նայողի մեջ այն միտքը, թե այդ տղամարդը կամ ավազակ էր, կամ փախստական մաքսախույս: Նրա կովկասյան զենքերը ավելի ահեղ ձև էին տալիս այդ քաջազնական հասակին: Մեջքը սեղմված էր արծաթի քամարով, որի առջևից քարշ էր ընկած խենջարը, ձախ կողմից յորդան (սուր), աջ կողմից լայնաբերան դարաբինան: Ատրճանակները վառոդի և գնդակների պահարանները, ամեն մինը յուր պատշաճավոր տեղը ունեին բռնած:

Նրա ընկերները թե՛ հագուստի ձևերով, և թե՛ զենքերի պարագաներով շատ չէին որոշվում յուրյանց հրոսակի գլխավորից, — դա Մեխակն էր:

— Տղե՛րք, ես գայլի նման քաղցած եմ, ի՞նչ ունիք ուտելու, — հարցրուց նա մոտենալով կրակին:

Ընկերները ցույց տվեցին դաբանի վրա:

— Հաց չունե՞ք:

— Մի քիչ ալյուր կգտնվի, — ասաց մինը և վեր կացավ տեղից, սկսավ պտռել յուր խուրջինը:

— Դե՛, քո հոգուն մատաղ, թե կարենաս մի քիչ հաց թխել, — ասաց Մեխակը և նստեց տերտերի մոտ:

Նա առավ պղնձե թասը, դուրս տարավ և դրեց անձրևի տակ. քանի րոպեից հետո թասը մինչև կեսը լցվավ ջրով: Հետո գտնված ալյուրը նրա մեջ ածելով, խմոր շինեց, և ապա կրակը հետ քաշելով նա կտրեց խմորից բոլորակ բաղարջների նման և ձգեց տաքացած հատակի վրա:

Ընթրիքից հետո բոլորը պառկեցան քնելու, միայն երկու հոգի մնացին արթուն, նրանք այրի դռանը նստած հսկում էին ձիաներին: